Einige Probleme des Zivilprozeßrechts

Von

Univ.-Prof. Dr. **Franz Novak**

Innsbruck

Springer-Verlag Wien GmbH

1964

Sonderabdruck aus

„Juristische Blätter“

86. Jahrgang (1964), Heft 1/2 und 3/4

ISBN 978-3-662-37632-4 ISBN 978-3-662-38421-3 (eBook)
DOI 10.1007/978-3-662-38421-3

Mein unvergeßlicher Lehrer Georg Petschek*), der mir das prozeßrechtliche Denken erschloß und mich in langjähriger Schulung immer tiefere Einsichten gewinnen ließ, ist nicht bloß „der älteren Juristengeneration Österreichs noch ein Begriff" [1]), sondern allen überhaupt ernst zu nehmenden, gegenwärtig in Österreich wirkenden Juristen, gleichgültig, welcher Altersstufe, ein eherner wissenschaftlicher Rückhalt, den jungen und jüngsten Eleven dieses Fachs aber — entsprechend geleitet und geführt von ihren heutigen Lehrern — ein Prototyp erstaunlicher Vollendung. Weit davon entfernt, allmählich in Vergessenheit zu geraten, teilt Petschek eher das Schicksal jener Großen, die erst nach ihrem Tod die ihnen gebührende restlose Anerkennung gefunden haben. Das gilt vor allem von seinem fruchtbaren Einwirken auf die Rechtsprechung. Bis 1938 war er als Herausgeber des unter seiner Leitung zum wissenschaftlichen Sprachrohr unbestrittener Geltung aufgestiegenen „Zentralblatts für die Juristische Praxis" und dort als ständiger Besprecher und unbestechlicher Kritiker höchstrichterlicher Entscheidungen — der Billigung wie Ablehnung in gleich präziser Form zum Ausdruck brachte — so manchem, der sich dadurch gerade betroffen fühlte, mitunter unbequem. Heute hingegen zeigt nicht zuletzt unser Höchstgericht die erfreuliche Neigung, sich bei seinen Entscheidungen, wo es nur angeht, an Petschek zu orientieren [2]). Die von Petschek solcherart ununter-

---

*) Die vorliegende Abhandlung bildet zugleich eine Besprechung des Buchs: Der österreichische Zivilprozeß, eine systematische Darstellung, von Georg Petschek †, auf den Stand der Rechtsentwicklung vom 1. Mai 1963 gebracht, mit einem Vorwort, einem Inhalts- und einem Abkürzungsverzeichnis sowie einem Quellen- und einem Sachregister versehen von Friedrich Stagel. XX, 515 S. Wien: Manzsche Verlags- und Universitätsbuchhandlung. 1963. Geb. S 382,—.

[1]) So Stagel im ersten Satz seines Vorworts zu diesem Buch, S. III.

[2]) Ein gutes Beispiel liefert etwa die E. des OGH. vom 19. 9. 1951, SZ. XXIV/228: Von einer Entscheidung, die

brochen gepflogene Fühlungnahme mit der Praxis hat also schon längst ihre begrüßenswerten Früchte gezeitigt. Sie war aber teuer erkauft: gemeinsam mit der bereits erwähnten Herausgebertätigkeit hinderte sie Petschek daran, seine unermeßliche Gedankenfülle in der optisch greifbareren Form eines nach allen Seiten ausstrahlenden systematischen Gesamtwerks zusammenzufassen [3]). Erst die erzwungenen, bitteren Jahre seiner Emigration verschafften ihm die nötige Muße, leider aber in einem anderen Weltteil und ohne Kontakt mit seiner Heimat. In den USA vollendete er ein tiefschürfendes System des Insolvenzrechts, an dem er schon rund ein Vierteljahrhundert minuziös gearbeitet hatte, und dazu eine weitaus kursorischer gehaltene systematische Darstellung des österreichischen Zivilprozeßrechts wie auch des österreichischen Exekutionsrechts. Im Jahr 1947 ist er in der Fremde verstorben [4]). Nur sein umfassender wissenschaftlicher Nachlaß gelangte nach Österreich,

---

Petschek im ZBl. 1932, S. 463 ff., überzeugend kritisiert hatte — knapp danach übrigens auch Klang in den JBl. 1933, S. 71 —, ist der OGH. im Jahr 1951 in aller Form abgegangen. Vgl. ferner etwa die E. des OGH. vom 31. 10. 1952, JBl. 1953, S. 20 ff., u. v. a. m. Das bedeutet freilich nicht, daß der OGH. nicht auch schon sofort, womöglich bereits beim nächsten sich bietenden Anlaß, auf eine (heftige) Kritik Petscheks reagiert hätte; vgl. z. B. die E. des OGH. vom 8. 2. 1928, SZ. X/27, in der der Standpunkt der Vorentscheidung vom 9. 3. 1927, ZBl. 1927, Nr. 221 (besprochen von Petschek, ebenda, S. 631 ff.), unter Hinweis auf die Einwände Petscheks — und wie sich gezeigt hat: für alle Zukunft — aufgegeben worden ist.

[3]) Dabei vergesse ich ganz und gar nicht auf die hervorragende, systematisch angeordnete Gesamtdarstellung des „Österreichischen Zivilprozeßrechts“ (unter Einschluß des Exekutions-, Konkurs- und Ausgleichsrechts), die Petschek im Ergänzungsband VII des Handwörterbuchs der Rechtswissenschaft — künftig zitiert: „HdR. VII“ — schon 1931 veröffentlicht hat. Petschek mußte sich aber damals in Lexikon-Grenzen halten und den gesamten, von ihm bereitgestellten Stoff auf 39 (zweispaltige) Seiten (S. 354 ff.) zusammendrängen; dabei kam ihm nur zugute, daß er sich bei zahlreichen, auch grundlegenden Fragen des Prozeßrechts damit begnügen konnte, auf schon vorher im HdR. veröffentlichte Spezial-Artikel zu verweisen. Jedenfalls war diese Arbeit eine Meisterleistung, auf die bei gelegentlichen Vergleichen noch zurückzukommen sein wird.

[4]) Schima hat ihm in den JBl. 1948, S. 314 ff., einen Nachruf gewidmet.

lag hier lange Zeit brach, kam aber schließlich doch, nach Sparten getrennt, in die Hände dreier Fachleute, die sich dankenswerterweise bereit erklärt hatten, ihn auf die jetzige Rechtslage abzustimmen.

Stagel hat die Bearbeitung des zivilprozessualen Teils (einschließlich des Gerichtsverfassungsrechts) übernommen und seine Aufgabe als erster vollendet; er präsentiert dieses Werk, auf den Stand vom 1. 5. 1963 gebracht. Lag es am Verlag oder am Bearbeiter selbst, das entzieht sich meiner Kenntnis, jedenfalls ist man von der seinerzeit ins Auge gefaßten Form einer betont behutsamen Bearbeitung — nur durch Hinweise auf die Änderung der Gesetzeslage, durch Beisätze in Kursivschrift oder durch Ergänzungsanmerkungen, wie sie Friedrich Engel dem nachgelassenen Werk Franz Kleins hinzugefügt hat [5]) — abgegangen, so zwar, daß sogar ein gründlicher Kenner der wissenschaftlichen Gesamtpersönlichkeit Petscheks nicht mehr alle Grenzlinien mit voller Gewißheit zu ziehen vermag. Stagel ist für seine in den Dienst der Allgemeinheit gestellten Bemühungen aufrichtig Dank zu sagen. Die Verwirklichung der im Vorwort in anerkennenswerter Bescheidenheit geäußerten Absicht, einen echten „Petschek" darzubieten, nicht aber etwa einen „Petschek-Stagel" [6]), ist ihm jedoch nicht durchwegs gelungen. Damit soll nicht vorgegriffen und auch schon auf gewisse Unebenheiten in der Umgestaltung angespielt werden, denen jeder Bearbeiter eines fremden Werks mehr oder minder zwangsläufig ausgesetzt ist; von ihnen wird vielmehr erst später, im gegebenen Zusammenhang, hie und da noch die Rede sein.

I.

Vorausgeschickt sei, daß Petschek keine seiner zahlreichen Vorlesungen, vor allem auch nicht die sich über zwei Semester erstreckende Hauptvorlesung, nach einem fest vorgesteckten „System" (im gemeiniglichen Sinn) gehalten hat. Er war vielmehr darauf bedacht, das ständige Ineinandergreifen aller Verfahrensnormen plastisch her-

---

[5]) Der Zivilprozeß Österreichs von Franz Klein †, mit Ergänzungen von Friedrich Engel, 3. Band des Sammelwerks „Das Zivilprozeßrecht der Kulturstaaten" (1927).

[6]) S. III des hier besprochenen Buchs.

auszuarbeiten [7]). Aber gerade auf diese Weise brachte er es zuwege, seinen Hörern ein organisches prozeßrechtliches Denken zu vermitteln und keinerlei Gefühl von Trockenheit oder Sprödigkeit des Stoffs aufkommen zu lassen.

Wesentlich trug dazu bei, daß er vollkommen frei sprach. Seine einzige Vorlesungs-Unterlage bildete eine handliche Gesetzesausgabe, und auch ihrer hätte er leicht entraten können, weil er alle einschlägigen Gesetze „buchstäblich" im Kopf hatte. Er drang nur darauf, die Hörerschaft an das Gesetz zu zügeln. Daher zog er jeweils den einen oder anderen seiner Schüler dazu heran, den gerade zur Diskussion stehenden Passus des Gesetzes laut vorzutragen, fiel aber dem Lesenden sogleich ins Wort, wenn er etwa falsch betonte oder einer anderen Flüchtigkeit zum Opfer fiel. Auch eine Diskussion mit den Hörern stand gelegentlich auf der Tagesordnung, und Petschek freute sich ehrlich, wenn ein ambitionierter Hörer einen richtigen oder zumindest passablen Gedanken zu äußern vermochte.

Ein nicht minder wichtiges Merkmal der von Petschek — stets auch sprachlich in letzter Vollendung — gehaltenen Vorlesungen lag in der richtigen Gewichtsverteilung. Mechanische Regelungen — keine Verfahrensordnung kann ihrer entbehren — erwähnte er nur am Rand; er erklärte ihren Sinngehalt, es kam ihm aber nicht darauf an, seine Hörer hier mit Einzelheiten zu quälen. Dafür wandte er etwa auf die Erläuterung der fundamentalen Institution des Rechtskraftvorbehalts (und aller mit ihm in Zusammenhang stehenden Normen) ca. drei Wochen seiner Hauptvorlesung auf! Und stets setzte er sich mit der Judikatur auseinander. Auch hier lieferte er den Hörern das Aktuellste, gab ihnen z. B. von einer eben gefällten Entscheidung erster Instanz Kenntnis, um zu gegebener Zeit auf die Lösung der Frage durch die zweite Instanz und schließlich auf die in dieser Sache erflossene Entscheidung des OGH. zurückzukommen. Daß er auch literarische

---

7) Als ich Petscheks Hörer war — ohne auch nur einen Tag zu fehlen! —, bestand seine zweisemestrige Hauptvorlesung, ihrer systematischen Anlage nach, aus der tiefgreifenden Erläuterung einer einzigen Norm, nämlich des § 477 ZPO. Von ihr ausgehend durchleuchtete Petschek die jeweils einschlägigen Einzelbestimmungen aller zivilgerichtlichen Verfahrensgesetze.

Meinungen und Gegenmeinungen — soweit sie wissenschaftlich überhaupt zählten — gegeneinander abwog, braucht nicht besonders hervorgehoben zu werden; das versteht sich von selbst. Und da kam die deutsche Prozeßrechtsliteratur im gleichen Maß zum Zug wie die österreichische, wobei Petschek keineswegs verbarg, wie sehr ihn sein großer Lehrer Adolf Wach nach wie vor besonders beeindruckte. In den Vorlesungen Petscheks zeichnete sich jedoch keinerlei starrer Dogmatismus ab!

Das alles mußte ich vorausschicken, um das mir haftengebliebene lebendige Bild Petscheks jenen zu vermitteln, die heute sein Buch in die Hand nehmen, ohne Petschek als Lehrer gekannt zu haben, aber auch um zu erklären, warum ich das nachgelassene Werk gelegentlich mit kritischen Augen betrachte, mit meinen zustimmenden Äußerungen hingegen eher sparsam umgehe, weil die hier in Frage kommenden Partien, ihre grundsätzliche Bedeutung mag noch so weitreichend sein, einem geeichten „Petschek-Schüler" geradezu selbstverständlich erscheinen.

II.

Über Aufbau und Ausgestaltung eines Systems, wie es uns jetzt vorliegt, wird man immer verschiedener Meinung sein können oder, anders ausgedrückt: Niemals kann der Verfasser eines Prozeßrechtssystems damit rechnen, daß die von ihm gewählte Formung keinerlei Widerspruch herausfordern werde. Denn, so erstaunlich es klingen mag: Die Einzelmaterien des Prozeßrechts sind zwar weitaus enger ineinander verschlungen als etwa die bereits „klassisch" gewordenen Teilgebiete der Privatrechtsordnung, sie strahlen aber, jeweils mit verschiedenen Akzenten, in alle möglichen Richtungen aus und lassen eine geradlinige, komplexe Zusammenfassung nahezu unerreichbar erscheinen. So hat man schon Pollaks System[8]) als „eigenwillig" bezeichnet[9]); Schima sprach in seiner Rezension des Grundrisses von Karl

---

8) System des österreichischen Zivilprozeßrechtes mit Einschluß des Exekutionsrechtes, in 2. und letzter Aufl. erschienen 1930/32.

9) Klang hat diesen Ausdruck in einer Unterredung mit mir gebraucht.

W o l f f [10]) davon, daß in dem Werk, was seine systematische Methode anlangt, Beziehungen hergestellt werden, die auch den Kenner überraschen [11]); man könnte ferner darauf hinweisen, daß S p e r l in seinem systematischen Lehrbuch [12]) die besonderen Verfahrensarten im zweiten Band, auf den S. 553 ff., das von der ZPO. ebenfalls zu dieser Gruppe gezählte schiedsrichterliche Verfahren aber erst im folgenden Band (S. 773 ff.) behandelte, usw. Warum sollte es gerade P e t s c h e k gelungen sein, sein System gewissermaßen unanfechtbar aufzubauen? Er erörtert das schiedsrichterliche Verfahren sogar geteilt, im wesentlichen unter dem Gesichtspunkt einer Hemmung des Rechtsschutzanspruchs (S. 241 ff.), und dann wieder, vom Schiedsspruch her gesehen, im Kapitel „Entscheidungssurrogate" (S. 293 ff.); die Ausführungen über die Ausgeschlossenheit oder Befangenheit von Richtern finden wir nicht etwa im Zweiten Buch, das den Rechtsschutzorganen gewidmet ist (S. 41 ff.), oder bei der Darstellung der Reaktion des Berufungsgerichts auf das Vorliegen eines Nichtigkeitsgrunds (S. 376 f.) oder vielleicht bei jener der Rechtsmittelklagen (S. 409 ff.) [13]), sondern vornehmlich und grundsätzlich im Dritten Buch unter den Prozeßvoraussetzungen als besonderes drittes Kapitel („Die Unparteilichkeit des Rechtspflegeorgans"), nach Erläuterung der Zuständigkeit und der Zulässigkeit des Rechtswegs (S. 143 ff.); das Armenrecht wird anhangsweise, nach der Erörterung der Geltendmachung der Rechtsschutzansprüche, unter dem Titel „Die Erleichterung der Rechtsschutzdurchsetzung für arme Parteien" behandelt (S. 278 ff.). Man könnte möglicherweise noch mehr in dieser Hinsicht andeuten; das alles ist aber im Endergebnis nur Formsache, und das von S t a g e l beigesteuerte, gründliche Sachregister wird Verwirrungen auch bei jenen Lesern hintanhalten, die sich nicht die Zeit dazu nehmen können, das Werk von der ersten Seite bis zu seinem Ende eingehend durchzuarbeiten.

---

[10]) Grundriß des österreichischen Zivilprozeßrechts² (1947).

[11]) Buchbesprechung in den JBl. 1948, S. 353 f.

[12]) Lehrbuch der bürgerlichen Rechtspflege (1925/30).

[13]) So noch P e t s c h e k, HdR. VII, S. 354 f. und 371; in seiner Vorlesung hat er die in Betracht kommenden Bestimmungen der JN. sowie den Nichtigkeitsklagetatbestand des § 529 (1), Z. 1, ZPO. im Rahmen der Erörterung des § 477 (1), Z. 1, ZPO. seinen Hörern eingeprägt (vgl. oben, Anm. 7).

Wesentlich ist jedoch das nunmehr schon zweimal gefallene Stichwort „Rechtsschutzanspruch“ — ein von Adolf Wach herrührender Begriff —, das auf eine geschlossene, heute aber wohl als überholt zu bezeichnende theoretische Gedankenwelt hinweist, die in Petschek nahezu den letzten, wenn auch feinsinnigsten Verfechter findet, nicht minder jedoch die empfindliche Diskrepanz zwischen dem denkbar spätesten Vollendungsjahr des Manuskripts (1947 ist Petschek gestorben) und dem Erscheinen des Buchs (1963) deutlich in die Augen springen läßt.

III.

Eben dieser Lehre vom Rechtsschutzanspruch blieb Petschek sein ganzes wissenschaftliches Leben und Wirken hindurch treu. In der Einleitung des zu seiner Habilitation führenden, 1901 erschienenen Werks „Die Zwangsvollstreckung in Forderungen nach österreichischem Rechte“ liest man auf S. 3 den in einem Bekenntnis gipfelnden Satz: „Die processualen Ausführungen dieses Buches bekennen sich zu der von Wach aufgestellten Theorie vom Rechtsschutzanspruch, das ist dem sich nach dem Inhalte der Processbitte differencierenden öffentlichrechtlichen Anspruch auf Gewährung bestimmten Rechtsschutzes nach Massgabe des Processrechtes. Eine nähere, auch nur skizzenhafte Darlegung dieser Theorie fällt ausserhalb des Rahmens dieser Schrift, es genügt die Verweisung auf die jüngste, ihr gewidmete Literatur.“ Kurz danach folgt der Hinweis darauf, daß ebendiese Lehrmeinung auch in der österreichischen Doktrin bereits einzelne Anhänger gefunden habe.

Damals stand die angeführte „Wachsche Grundauffassung des Zivilprozesses“, erst etwa zehn Jahre alt, in ihren Anfängen; demgemäß wies sie so manche scharfe Kanten auf, die sich vorerst eher nur emotional abschleifen ließen. Sie rief denn auch eine immer zahlreicher werdende Gegnerschaft auf den Plan, deren Einwände wiederum eine Vertiefung und Verfeinerung der Lehre vom Rechtsschutzanspruch zur Folge hatten. Mehr als drei Jahrzehnte dauerte dann noch das theoretische Ringen, wobei man wohl sagen kann, daß Petschek in der vordersten Front stand und immer neue Ideen beisteuerte, um den Rechtsschutzanspruch-Gedanken zu rechtfertigen. Heute jedoch stößt diese Lehre bereits ganz allgemein auf Ablehnung. Man verkennt nicht, daß sie wesentlich dazu beigetragen hat, „das Prozeßrecht aus den Banden einer zivilistischen Betrachtungsweise zu befreien, und die Prozeßrechtswissenschaft um den Begriff des Rechtsschutzbedürfnisses bereichert hat“ [14]), muß aber gleich hinzufügen, daß das, was wir nunmehr unter „Rechtsschutzbedürfnis“ verstehen, etwas ganz anderes ist als das, was die Vertreter der Lehre vom Rechtsschutzanspruch darunter begreifen wollten; nämlich keine der zur Untermauerung des Rechtsschutzanspruchs — sehr variiert — ins Treffen geführten Rechtsschutzvoraussetzungen, sondern eine allein dem Prozeßrecht zugewandte Rechtsschutzgewährungsvoraussetzung, mithin eine Prozeßvoraussetzung im weiteren Sinn [15]).

Nun steht Petscheks nachgelassenes Werk grundlegend im Bann der Lehre vom Rechtsschutzanspruch, wenn auch in deren ausgebildetster Erscheinungsform. Warum wohl? Ich kann mir zwei Hauptgründe lebhaft vorstellen: Einmal bewahrte Petschek seine Pietät Wach gegenüber bis zu seinem Tod und zum anderen hat er die bahnbrechenden, dem Begriff des Rechtsschutzbedürfnisses (nach heutiger Auffassung) zum Durchbruch verhelfenden Schriften Schönkes gar nicht erlebt; er war also rein physisch nicht mehr in der Lage, sich mit einer neuen, viel fruchtbareren Gedankenwelt auseinanderzusetzen [16]). So kann man den deutlich erkennbaren, von Petschek in seinem nachgelassenen Werk angestellten Beharrungsversuch in keiner Weise tadeln. Wer dürfte an der Anhänglichkeit eines von seinem großen Lehrer tief beeindruckten Schülers oder daran Anstoß nehmen, daß das uns erst jetzt dargebotene Manuskript schon rund zwanzig Jahre alt ist?

Der somit letztlich aus der Ungunst der Verhältnisse erklärbare jüngste Vorstoß zur Verteidigung der Lehre

---

[14]) So Rosenberg, Lehrbuch des deutschen Zivilprozeßrechts[9] (1961), S. 438.

[15]) Vgl. hiezu Novak, ÖJZ. 1952, S. 26 ff. (Buchbesprechung).

[16]) Auch Schönkes Ansichten sind inzwischen nicht gänzlich unwidersprochen geblieben; die geäußerten Gegenmeinungen beschränken sich aber im wesentlichen auf Korrekturen, verfolgen jedoch nicht das Ziel, die Lehre vom Rechtsschutzanspruch zu neuem Leben zu erwecken.

vom Rechtsschutzanspruch bedarf angesichts der besonderen Sachlage, nicht minder aber auch angesichts der komplexen und alle Variationen der überholten Theorie erfassenden, ungewöhnlich eindeutigen Kritik Rosenbergs[17]) keiner eigenständigen Widerlegung mehr[18]). Herauszugreifen sind höchstens jene, im System Petscheks vorfindbaren Gesichtspunkte, die den Anschein erwecken, als ob sie wirklich neu und andersartig wären. Aber auch hier handelt es sich im Grund nur um ein einziges Argument; es frappiert und kann nicht widerspruchslos bleiben.

Nach Petscheks Definition des Rechtsschutzanspruchs („ein dem Privaten gegen den Staat zustehender öffentlich-rechtlicher Anspruch auf Gewährung inhaltlich bestimmten Rechtsschutzes nach Maßgabe des positiven Prozeßrechts") erfährt man, scharf akzentuiert, daß sich diese Lehrmeinung erkenntnistheoretisch nur dann befehden ließe, „wenn man infolge Vergottung des Staatswesens den Rechtsstaatscharakter überhaupt leugnet oder wenn man — so Kohler — in Abrede stellt, daß der Staat in einem Verpflichtungsverhältnis zum Privaten stehen könne; dies aber scheitert an der bei Anerkennung des Rechtsstaatscharakters der Gemeinschaft nötigen Annahme der Existenz subjektiver öffentlicher Rechte des einzelnen". Und dann liest man auf derselben S. 12 noch den krönenden Satz: „Den positivrechtlichen Beweis für die Existenz von Ansprüchen privater Rechtssubjekte gegen den Staat auf dessen obrigkeitliches, inhaltlich durch die Rechtsordnung orientiertes Handeln bietet die Haftung des Bundes nach dem AHG. für den durch rechtswidriges Verhalten seiner Organe schuldhaft zugefügten Schaden, dessen Ersatz der Geschädigte im Falle der Verweigerung durch Klage begehren kann (1, 8 AHG.)."

Nun könnte aber der Amtshaftungsanspruch als unverrückbares oder vielleicht sogar Spitzen-Glied der uns posthum veranschaulichten Beweiskette für die Lehre vom Rechtsschutzanspruch wohl nur dann angesehen werden, wenn man ihn tatsächlich als einen subjektiv-öffentlichrechtlichen Anspruch qualifizieren wollte. Dieser Einsicht verschließt sich Petschek keineswegs und zieht die ent-

---

17) A. a. O., S. 433 ff.

18) Diese weitausholende Kritik (oben, Anm. 17) erspart dem Besprecher jeden zusätzlichen Literaturnachweis.

sprechenden Folgerungen. Auf S. 14 heißt es, es trete „an die Stelle des Rechtsschutzanspruchs als dessen Surrogat ein sich gegen den Bund kehrender Schadenersatzanspruch, der öffentlich-rechtlichem Boden entstammt ...", und auf S. 19 wird bereits schlechthin vom „öffentlich-rechtlichen Amtshaftungsanspruch" gesprochen, der von „bürgerlich-rechtlichen" Ansprüchen betont abgehoben wird (ähnlich S. 140).

Bei alldem muß man sich zunächst vergegenwärtigen, daß Petschek das erst nach seinem Tod — im Zusammenhang mit einer Änderung des Art. 23 B.-VG. — erlassene (und später novellierte) AHG. vom 18. 12. 1948, BGBl. Nr. 20/1949, noch gar nicht kennen konnte, daß daher sein nachgelassenes Manuskript auf das alte SyndikatsG. vom 12. 7. 1872, RGBl. Nr. 112, abgestellt gewesen sein muß, daß es also auch an dieser Stelle erst von Stagel umgestaltet worden ist. War es jedoch schon nach dem SyndikatsG. kaum zweifelhaft, daß der (damals nur aus Rechtsverletzungen richterlicher Organe resultierende) Ersatzanspruch ein privatrechtlicher gewesen ist [19]), so mußte nach der Neugestaltung des Amtshaftungswesens auch der letzte Zweifel an dieser Auffassung schwinden.

Ende 1948 wurde, um eine allgemeine Amtshaftung nun endlich doch zu realisieren, der bisher bloß Verheißung gebliebene Art. 23 B.-VG. erheblich umgestaltet. Nach dem 1. Abs. seiner früheren Fassung (1929) war Voraussetzung der Ersatzpflicht eine näher umschriebene Verletzung der „Rechte, die dem Dritten der Gebietskörperschaft gegenüber zustehen", mithin eine Verletzung subjektiver öffentlicher Rechte. Davon ist im Art. 23 B.-VG. geltender Fassung nicht mehr die Rede; er stellt auf die Verletzung des objektiven Rechts, also der Rechtsordnung, ab [20]). Auch der unterscheidende Hinweis auf die „Bestimmungen des Zivilrechtes" im 2. Abs. des Art. 23 B.-VG. früherer Fassung ist fallengelassen worden. Und das durch die eben erwähnte Verfassungsnovelle inaugurierte AHG. statuiert gleich im § 1 (1) eine Haftung „nach den Bestimmungen

---

19) Das SyndikatsG. dachte betont in Kategorien des ABGB. [vgl. § 1 (2)], verwies auch auf dieses Gesetz (§ 5) und eröffnete den Rechtsweg. Siehe Sperl, a. a. O., S. 566 f.

20) So auch Hellbling, Die Amtshaftung, ÖJZ. 1949, S. 365, Anm. 8. — Dies traf übrigens schon auf Art. 14 der Verfassung 1934 zu; das mag jedoch hier außer Betracht bleiben.

des bürgerlichen Rechts“, qualifiziert den Ersatzanspruch als „bürgerliche Rechtssache“ [§ 9 (1)] usw. [21]). Damit ist endgültig jede Möglichkeit geschwunden, den Amtshaftungsanspruch als öffentlich-rechtlich zu werten und die positive Rechtsordnung Zeugenschaft für die Existenz eines publizistischen Rechtsschutzanspruchs ablegen zu lassen. Ich persönlich glaube auch nicht, daß Petschek, hätte er die nach seinem Tod hier eingetretene Änderung der Rechtslage gekannt, an seinem Argument festgehalten hätte.

Wir haben also diese leicht widerlegbare, modifizierende Einfügung in das Manuskript lediglich Stagel zuzuschreiben, wiewohl er in seinem Vorwort betont (S. III), daß Petscheks Darstellung des Syndikatsverfahrens nur mehr rechtshistorischen Wert besäße [22]), deshalb in das Werk nicht aufgenommen worden sei, und daß gerade (auch) die Partie über das Amtshaftungsverfahren, der völlig geänderten Rechtslage halber, ganz neu habe bearbeitet werden müssen.

Von Interesse ist es nun, den neuen Beitrag Stagels über das Amtshaftungsverfahren (S. 433 ff.) näher zu prüfen. Da fällt zunächst einmal auf, daß sich Stagel jeder Äußerung darüber enthält, ob er den Amtshaftungsanspruch dem privaten oder dem öffentlichen Recht zuzählt; das vielleicht deshalb, weil er Petscheks Darlegungen in voller Absicht auch dort unverändert lassen wollte, wo er dessen Meinung nicht zu teilen vermochte (Vorwort, S. III), und aus diesem Grund jede eigene Meinungsäußerung unterdrückte. Im Widerspruch dazu hat er aber — sich über die Auffassung Petscheks hinwegsetzend, der den Begriff der sog. außerordentlichen Rechtsmittel aus-

---

[21]) Siehe zur „eindeutig“ privatrechtlichen Natur des Amtshaftungsanspruchs Loebenstein-Kaniak, Kommentar zum Amtshaftungsgesetz (1951), S. 50 f.

[22]) Ganz so ist es nicht, weil der (erweiterte) Rechtsmittelbegriff des § 2 (2) AHG. ebensowenig geklärt ist wie jener des § 1 (1) SyndikatsG., eine jahrzehntelange Streitfrage daher — wieder ein Zeichen moderner Gesetzgebungskunst! — offengeblieben ist (hiezu etwa nur Pollak, a. a. O., S. 240, 560, oder Sperl, a. a. O., S. 568; ferner Hellbling, a. a. O., S. 366 f., oder Kaniak, Das Amtshaftungsgesetz, JBl. 1949, S. 147 f.); es wäre deshalb interessant gewesen, zu erfahren, ob und wie sich Petschek selbst zu diesem Problem geäußert hat.

drücklich ablehnt (S. 361)[23]) — diese veraltete Terminologie bei seinen Ausführungen über das Amtshaftungsverfahren wieder aufgegriffen (S. 433 f.).

Noch bedeutungsvoller ist es jedoch, daß sich Stagel in den von ihm eigenständig bearbeiteten Partien, so auch bei der Darstellung des Amtshaftungsverfahrens, zwar weiterhin der Lehre vom Rechtsschutzanspruch unterzuordnen trachtet und deshalb zwischen Rechtsschutzvoraussetzungen und Prozeßvoraussetzungen unterscheidet, daß er aber mit diesem überholten Konstruktionsgebäude ganz offensichtlich nicht zu operieren vermag und daher zu widerspruchsvollen Ergebnissen gelangt. Ein Beispiel, das der Problematik des Amtshaftungsanspruchs angehört: Der § 8 AHG. verpflichtet den Geschädigten, vorerst ein schriftliches Aufforderungsverfahren einzuleiten, determiniert aber nicht die Sanktion für das Außerachtlassen dieser — sich als einseitige Hemmung zugunsten der öffentlichen Hand auswirkenden! — Norm[24]); er betont bloß, daß vor Anbringen der Klage eine bestimmte Frist abzuwarten sei, um der vorprozessual anzugehenden Stelle Gelegenheit zur Anerkennung oder Ablehnung des Anspruchs — in aller Regel aber zum Schweigen! — zu geben. Erst die Rechtsprechung hat sich dazu entschlossen, dem Geschädigten bis zum Ablauf dieser Frist den Rechtsweg zu verschließen[25]). Loebenstein-Kaniak[26]) haben dieselbe Auffassung vertreten. Stagel folgt ihr und zählt daher die vorherige Einleitung eines schriftlichen Aufforderungsverfahrens zu den Prozeßvoraussetzungen (hier zur Zulässigkeit des Rechtswegs; S. 434 f.). Diese Lösung dürfte aber Petscheks eigenen Ansichten kaum entsprechen (vgl. S. 138 ff.); Petschek hätte die Wahrung der Aufforderungsfrist m. E. am ehesten zu der als „Rechtsschutzzulässigkeit" bezeichneten Rechtsschutzvoraussetzung gezählt

[23]) Vgl. hiezu Novak, Zum zivilgerichtlichen Rechtsmittelbegriff der „Beschwerde" nach österreichischem Recht, ÖJZ. 1952, S. 424 (mit ausführlichen Literaturzitaten).

[24]) Ganz anders der § 9 (5) AHG., der der unmittelbaren Klage des Geschädigten gegen das Organ den ordentlichen Rechtsweg ausdrücklich versperrt.

[25]) Vgl. die Entscheidungen des OGH. vom 15. 3. 1950, SZ. XXIII/68, vom 29. 11. 1950, JBl. 1951, S. 292 = SZ. XXIII/349, u. v. a.

[26]) A. a. O., S. 105 f.

(vgl. S. 243 f.), vielleicht aber auch zum „Rechtsschutzbedürfnis“ (vgl. S. 245), für den Fall des Zuwiderhandelns somit jedenfalls Klags- und nicht Prozeßabweisung ins Auge gefaßt (vgl. S. 16, 18, 238, 283), wobei ich gleich betonen will, daß das Aufgeben der Lehre vom Rechtsschutzanspruch und aller seiner Einteilungsmaximen eine nähere Untersuchung des hier aufgerollten Problems in den Hintergrund rücken läßt.

Entscheidend scheint mir nur das eine zu sein, daß die Neuordnung der Amtshaftung die von Petschek weiterverfolgte Lehre vom Rechtsschutzanspruch nicht stützt, sondern untergräbt, und daß selbst dann, wenn dies nicht so klar zutage träte, die Subsumierung einzelner Gesetzesvorschriften jeweils unter die eine oder andere Gruppe von Rechtsschutzvoraussetzungen (oder auch Prozeßvoraussetzungen) gelegentlich den Anschein von Erzwungenheit erweckt.

Weitere allgemeine Ausführungen zum Thema Rechtsschutzanspruch erübrigen sich [27]. Es sei nur hervorgehoben, daß sich Petschek in seinem nachgelassenen Werk — anders als in seinen Vorlesungen und auch anders als in seiner im HdR. VII veröffentlichten Darstellung — einem eher starren Dogmatismus zukehrt, was auf der anderen Seite wiederum den Vorteil mit sich bringt, die diesem Dogmatismus entspringenden Fehllösungen umso deutlicher erkennen zu lassen.

Der Kürze halber sei dies nur an ganz wenigen Beispielen gezeigt: Petschek verneint den Rechtsschutzanspruch (hier die Rechtsschutzzulässigkeit) für eine Verurteilungsklage, gerichtet auf Erfüllung einer Naturalobligation (S. 243), er läßt aber Naturalobligationen, zumindest grundsätzlich, als feststellungsfähig gelten (S. 248). Oder: Dem Gemeinschuldner wird volle Prozeßfähigkeit, auch hinsichtlich des Konkursvermögens, zuerkannt; es fehle ihm nur an der Sachlegitimation (S. 155); demgemäß müßte ein vom Gemeinschuldner selbst — unter Mißachtung der notwendigen, seiner Verfügungsbefugnis auferlegten Schranken — geführter Prozeß mit Sachurteil endigen. Zwei recht unbefriedigende Ergebnisse! [28]

---

[27] Vgl. oben, Text bei Anm. 18.

[28] Im HdR. VII, S. 385, vertrat Petschek noch die Ansicht, daß dem Gemeinschuldner hinsichtlich der Konkursmasse das Prozeßführungsrecht fehle, was, unbeachtet gelassen, zur

Einer letzten Erörterung in diesem Zusammenhang bedarf noch Petscheks Wertung des Mangels am Rechtsschutzbedürfnis, u. zw. vor allem deshalb, weil gerade dieser Begriff — der Lehre vom Rechtsschutzanspruch wohl verdankt, strukturell aber inzwischen vollends gewandelt [29]) — seit Jahren nicht zuletzt auch die Rechtsprechung in einem immer steigenden Maß beschäftigt, ohne daß die tiefgreifende Veränderung seines theoretischen Sinngehalts allenthalben wahrgenommen worden wäre. Petscheks begrüßenswerte Einflußnahme auf die Judikatur [30]) könnte sich hier bedauerlich auswirken und die Gerichte zum Festhalten an Entscheidungen (Entscheidungsformen) veranlassen, die heute nicht mehr zu rechtfertigen wären.

Petschek definiert zunächst ganz allgemein das Rechtsschutzbedürfnis als „ein vom Prozeßrecht gebilligtes Interesse des Rechtsschutzansprechers an der in Aussicht genommenen Rechtsschutztätigkeit"; allerdings im Rahmen der Darstellung der — der heute überwundenen Rechtsschutzanspruchstheorie immanenten — Rechtsschutzvoraussetzungen. In den Banden dieses Dogmas verstrickt, muß er denn auch die Forderung aufstellen, das Fehlen welcher Rechtsschutzvoraussetzung immer mit Sachurteil beantworten zu lassen. Einen bestimmten Kreis von Rechtsschutzvoraussetzungen (Rechtsschutzzulässigkeit, Rechtsschutzfähigkeit, Rechtsschutzbedürfnis und Sachlegitimation) hebt er immerhin heraus und meint, daß deren Mangel lediglich Verneinung des Rechtsschutzanspruchs bewirke, daher eine Sachabweisung dilatorischen Charakters (ohne Bedeutung

---

Prozeßabweisung führe. In den „Zivilprozeßrechtlichen Streitfragen" (1933) — künftig zitiert: „Streitfragen" —, S. 236 ff., hielt er dann noch immer an der Unterscheidung zwischen Sachlegitimation und Prozeßführungsrecht fest, meinte aber bereits, daß Zweifel bezüglich des Prozeßführungsrechts mit Sachurteil zu erledigen seien. Demgegenüber hat sich eine nunmehr feststehende Praxis entwickelt, die den Gemeinschuldner in Ansehung der Konkursmasse — gemeint ist also relativ! — einem Prozeßunfähigen gleichstellt; vgl. die Entscheidungen des OGH. vom 29. 3. 1955, JBl. 1955, S. 479 f., vom 30. 4. 1958, ÖRZ. 1958, S. 139 f., oder vom 20. 9. 1961, EvBl. 1962, Nr. 73, u. a. m. Vgl. ferner in diesem Zusammenhang Bartsch-Pollak, Konkurs-, Ausgleichs-, Anfechtungsordnung usw. I^3 (1937), S. 69.

[29]) Siehe oben, Text bei Anm. 15.

[30]) Siehe oben, Text bei Anm. 2.

für die Privatrechtsbeziehung) erheische, eine Abweisung „zur Zeit", „dermalen" oder „angebrachter Maßen"; damit stünde einer späteren Bejahung des Rechtsschutzanspruchs nichts im Weg, sobald einmal die gegenwärtig fehlenden Rechtsschutzvoraussetzungen eingetreten seien (zu alldem S. 238). Kaum eine andere Stelle des Buchs erweckt einen ähnlich antiquierten Eindruck! Sperl gedenkt (in einem anderen Zusammenhang) dieser Art dilatorischer Sachabweisung und bezeichnet sie als „Überbleibsel einer veralteten Gesetzgebung und Theorie" [31]), und die Judikatur vertritt, soweit ich sie überblicken kann, seit rund 40 Jahren nahezu einmütig den richtigen Standpunkt, daß derartige dilatorische Zusätze im Urteilstenor vom Gesetz nicht vorgesehen, aber auch durchaus überflüssig sind, weil die materielle Rechtskraft einer nachträglichen Änderung des Tatbestands gegenüber nicht standhält [32]). Noch anschaulicher wirkt es jedoch vielleicht, wenn ich hier Petschek selbst zu Wort kommen lasse: Als der OGH. gelegentlich einmal aus der Reihe tanzte und für eine „derzeitige" Sachbescheidung eintrat [33]), bezichtigte ihn Petschek des „Aberglaubens", daß sich Gegenstand und Ausmaß der materiellen Rechtskraft nur nach dem Inhalt des Urteilsspruchs bestimmen ließen; in Fällen dieser Art sei jedoch der geltend gemachte Anspruch, unbeschadet seiner Existenz, schlechthin abzuweisen, auch wenn nur eine der Rechtsschutzvoraussetzungen fehle; denn Rechtskraft ergehe lediglich über diesen Mangel und hindere nicht ein abermaliges Geltendmachen des Anspruchs, sobald der Mangel weggefallen sei [34]).

Damit ist freilich noch nicht zum innersten Kern vorgedrungen. Auf ihn stößt man erst dann, wenn man die Lehre vom Rechtsschutzanspruch — in der Erkenntnis, daß die von ihren Anhängern in die Rechtsschutzvoraussetzungen hineingetragenen prozessualen Elemente auszusondern und den Prozeßvoraussetzungen zuzuweisen seien, der verbleibende Rest der Rechtsschutzvoraussetzungen aber dem Tatbestand zuzuzählen sei — endlich fallenläßt und nur

---

[31]) A. a. O., S. 601.

[32]) In dieser Richtung läßt sich eine festgefügte Judikatur etwa von der E. des OGH. vom 10. 7. 1922, SZ. IV/70, bis zur E. des OGH. vom 24. 3. 1960, ÖRZ. 1960, S. 182 f., feststellen.

[33]) E. vom 7. 2. 1928, ZBl. 1928, Nr. 104.

[34]) A. a. O. (Anm. 33), S. 302 f.

mehr darauf Gewicht legt, zwischen den sich nach Prozeßrecht bestimmenden Voraussetzungen der „Zulässigkeit" (der Klage oder sonstigen Prozeßhandlung) und den dem materiellen Recht zugewandten Voraussetzungen der „Begründetheit" zu unterscheiden [35]).

Das Rechtsschutzbedürfnis — besonders die Praxis verwendet häufig den Ausdruck „Rechtsschutzinteresse" — ist nun schon längst als eine rein prozessuale Erscheinung erkannt; es hat mit den vielschichtigen Tatbestands-Elementen nichts zu tun, sondern soll dem publizistischen Prozeßzweck dienlich sein [36]), daher jeder dem Allgemeininteresse widerstrebenden Inanspruchnahme des staatlichen Rechtspflegeapparats Halt gebieten [37]). Petschek selbst verwahrt sich gegen simulierte Prozesse, gegen den Mißbrauch des Prozesses, um prozeßfremde Ziele zu erreichen, gegen die Inanspruchnahme der Gerichte, um von ihnen akademische Fragen lösen zu lassen, gegen ein Rechtsschutzbegehren, das in Wahrheit „ein Scherz" ist, spricht hier zutreffend vom Fehlen eines Rechtsschutzbedürfnisses, tritt jedoch überraschenderweise für Sachabweisung ein (S. 239). Ebenso — auch mit derselben Sanktion! — negiert er das Rechtsschutzbedürfnis beim Verurteilungsanspruch, wenn dem Kläger bereits auf anderem Weg geholfen ist, etwa in den Fällen des § 3 NotO., der §§ 61, 156 a KO. oder des § 53 a AO. (S. 245 f.). Beim Feststellungsanspruch sieht er das Rechtsschutzbedürfnis — richtigerweise — umschrieben durch das gesetzliche Erfordernis

---

[35]) Vgl. etwa nur Rosenberg, a. a. O., besonders S. 436 und 439 f.

[36]) Es ist nahezu eine Ironie des Schicksals, daß dem zuerst von Franz Klein betonten, soziologisch durchdachten Prozeßzweck, der auf die Interessen von Staat und Gesellschaft Rücksicht zu nehmen hat (vgl. Klein-Engel, a. a. O., S. 186 ff.), durch eine von deutscher Seite eingeleitete, durchgreifende Widerlegung der Lehre vom Rechtsschutzanspruch — zumindest in dieser Hinsicht — von neuem zum Durchbruch verholfen worden ist, während sich der bewußte Österreicher Petschek in seinem nachgelassenen Werk — trotz seiner unbestrittenen persönlichen Verehrung Franz Kleins — hier letztlich einer überwundenen Gedankenwelt deutschen Ursprungs zukehrt; vgl. in diesem Zusammenhang Novak, Die Stellung des Zivilprozeßrechts in unserer Gesamtrechtsordnung, JBl. 1961, insbesondere S. 66.

[37]) Vgl. hiezu Novak, a. a. O. (Anm. 15).

eines „rechtlichen Interesses an der alsbaldigen Feststellung“ (§ 228 ZPO.), meint aber, daß dies keine Prozeßvoraussetzung, sondern eben eine Rechtsschutzvoraussetzung sei und deshalb einer Sachentscheidung bedürfe (S. 248 f.).

Gerade da möchte ich einhaken, wiewohl mir geläufig ist, daß Petschek diese Ansicht bereits früher vertreten hat, in voller Kenntnis des Umstands, daß er hier seit eh und je auf beachtlichen Widerspruch gestoßen ist [38]).

Die Prozeßrechtsnormen, die Petschek seinerzeit in wenigstens skizzenhafter Erläuterung für seine These in Anspruch genommen hat [38]), sind im nachgelassenen Werk nur ganz kurz — und überdies reduziert — in Klammern beigefügt (§§ 230, 239, 260 f., 398 f., 497, 510 ZPO.; siehe S. 249). Sie vermögen aber, auch in ihrer Gesamtheit, Petscheks Standpunkt nicht zu erhärten. Richtig ist lediglich, daß unser Gesetz gerade dem von ihm nicht näher umschriebenen Kreis der Prozeßvoraussetzungen gegenüber eine etwas eigentümliche — ich möchte fast sagen: nachlässige — Stellung einnimmt, Zeit und Art ihrer Berücksichtigung oft unergründlicherweise differenziert — nur z. T. lassen die historischen Entwicklungsstufen Schlüsse zu, so etwa beim Festhalten an einer (besonders seit dem Forcieren der Einzelgerichtsbarkeit) unrealistisch und recht uneinsichtig gewordenen Beschränkung des Programms der I. Tagsatzung (§ 239 ZPO.) — und sie im Ergebnis widerspruchsvoll behandelt. So bleibt neben dem eben zitierten § 239 ZPO. auch der § 230 ZPO. problematisch, weil er weitaus nicht auf alle von Petschek [38]) so genannten „privilegierten“ Prozeßmängel, aufgezählt in den §§ 260 f. ZPO., Bedacht nimmt, sondern nur einen einzigen von ihnen nennt (nämlich die Unzuständigkeit), hinwiederum den — offenbar wohl „nichtprivilegierten“? — Mangel der Prozeßfähigkeit oder ordnungsgemäßen Vertretung in diesem Anfangsstadium des Verfahrens sehr wohl beachtet wissen will. Warum sollte sich übrigens die Klagebeantwortung — darauf hat Petschek in seiner früheren Abhandlung angespielt [38]) — nicht auch über das Feststellungsinteresse äußern dürfen, wiewohl es kein Teil des Meritums, sondern eben Prozeßvoraussetzung ist? Im § 243 (2) ZPO. heißt es doch, daß der Beklagte in der Klagebe-

---

[38]) Das Feststellungsurteil nach österreichischem Recht, AnwZ. 1932, insbesondere S. 256.

antwortung u. a. „insbesondere auch“ zu den nun schon einmal so bezeichneten „privilegierten“ Prozeßmängeln Stellung zu nehmen habe. Der Umstand, daß die §§ 398 f. ZPO. wieder auf die §§ 260 f. ZPO. zurückgreifen, ist nicht weiter verwunderlich, läßt aber deren Regelung nicht schmackhafter erscheinen. Die im § 497 ZPO. für das Berufungsgericht im Ergebnis bloß subsidiär vorgesehene Entscheidungsform durch Urteil ist vielfach durchlöchert [39]), und der § 510 ZPO. — der in der Praxis des Revisionsgerichts auf Schritt und Tritt versagt und dem weder der Novellengesetzgeber noch das Judikat Nr. 230 vom 8. 6. 1915, GlUNF. 7470, eine hinreichende Elastizität verschaffen konnte — wird nicht zuletzt von Petschek mehrfach als „ungenau“ bezeichnet (S. 395 f.). Solcherart läßt sich jedenfalls gegen die richtige Reaktion auf den Mangel des Feststellungsinteresses (Prozeßabweisung statt Sachabweisung) nicht Sturm laufen; schon gar nicht von Petschek, der zutreffend die — von unserem Gesetz nicht einmal genannte, geschweige denn geregelte — Parteifähigkeit, der „Natur des Prozeßrechtsverhältnisses“ nach, als „absolute, während der ganzen Prozeßdauer erforderliche Prozeßvoraussetzung“ wertet, deren Mangel „während des ganzen Streitverfahrens von Amts wegen zum Anlaß einer Prozeßabweisung mittels Beschlusses“ zu nehmen ist (S. 152, 153). Das Feststellungsinteresse ist gleichfalls jederzeit von Amts wegen, auch noch in der Revisionsinstanz [40]), zu prüfen und entzieht sich jeder Parteidisposition [41]); allein schon diesem Umstand widerstreitet — nicht

---

[39]) Man denke hier etwa nur an die zumindest seit der E. des OGH. vom 26. 1. 1938, SZ. XX/19, feststehende Praxis, daß das Rechtsmittelgericht im Rechtsmittelklageverfahren ein von der Unterinstanz trotz Fehlens der besonderen Prozeßvoraussetzungen gefälltes Urteil in sinngemäßer Anwendung des § 543 ZPO. durch einen die Klage zurückweisenden Beschluß zu korrigieren hat.

[40]) So die ständige, richtige Rechtsprechung, vgl. z. B. die Entscheidungen des OGH. vom 15. 6. 1937, ÖRZ. 1937, S. 409, vom 10. 10. 1951, SZ. XXIV/267, oder vom 29. 4. 1953, SZ. XXVI/116, u. v. a.; vgl. aber etwa auch Pollak, a. a. O., S. 11, den Petschek, a. a. O. (Anm. 38), S. 256, Anm. 53, zu seinen Mitstreitern zählt.

[41]) Vgl. wiederum nur Pollak, a. a. O., S. 11 und 14 (mit Zitaten).

minder „seiner Natur nach“ — die Wahl der Urteilsform für den Fall der Verneinung des Feststellungsinteresses.

Beim Feststellungsinteresse handelt es sich eben um nichts anderes als um eine der Erscheinungsformen des Rechtsschutzbedürfnisses (im heute wohlverstandenen Sinn), das schon unser Gesetzgeber vom Jahr 1895 zwar nicht komplex geregelt, jedoch in mehreren Bestimmungen — vgl. neben § 228 ZPO. insbesondere etwa noch den Art. XXXVIII EGZPO. oder den § 17 ZPO.; ohne gerade das Wort „rechtliches Interesse“ zu verwenden, finden sich noch weit mehr Gesetzesstellen, denen in wechselnder Formulierung nichts anderes vorschwebt — betont hervorgekehrt und damit zu einer theoretisch wohl erst später als solche erkannten, von allem Anfang an aber allgemeinen Richtschnur ausgebaut hat.

Daher nimmt nicht zuletzt die Rechtsprechung mit zunehmender Präzision und in neuerer Zeit auch unter Berücksichtigung des von der Wissenschaft umrissenen Ausdrucks „Beschwer“ — wieder nur einer Erscheinungsform des Rechtsschutzbedürfnisses — darauf Bedacht, daß das Einlegen eines Rechtsmittels nur dann zulässig ist, wenn der Rechtsmittelwerber von der von ihm bekämpften Entscheidung benachteiligt worden ist, daß somit ein Fehlen des sich in der Beschwer äußernden Rechtsschutzbedürfnisses das Rechtsmittel unzulässig macht [42]). Und in den Gründen der E. des OGH. vom 15. 4. 1953, SZ. XXVI/99 (dort S. 281), findet sich der bemerkenswerte Satz: „Sie (die Leistungsklage) wäre nur ausnahmsweise, wenn aus besonderen Gründen das Rechtsschutzbedürfnis fehlte, als unzulässig zurückzuweisen.“ Der Umstand nun, daß die

---

[42]) Hiezu etwa die Entscheidungen des OGH. vom 29. 4. 1946, SZ. XXI/2, vom 23. 11. 1955, JBl. 1956, S. 183, vom 2. 5. 1956, JBl. 1956, S. 411 f., vom 8. 1. 1958, JBl. 1958, S. 182, vom 11. 11. 1959, EvBl. 1960, Nr. 25, vom 26. 4. 1961, JBl. 1961, S. 605 f., vom 8. 1. 1963, JBl. 1963, S. 432 ff. = EvBl. 1963, Nr. 346 = ÖRZ. 1963, S. 113 [diese mit der ebenso wichtigen wie richtigen Akzentuierung des Umstands, daß die Beschwer nicht nur im Zeitpunkt des Einlegens des Rechtsmittels, sondern auch noch im Zeitpunkt der Entscheidung über das Rechtsmittel vorhanden sein muß; hiezu N o v a k, JBl. 1962, S. 512 f. (ablehnende Besprechung einer früheren Entscheidung, die lediglich auf den Zeitpunkt des Einlegens des Rechtsmittels Gewicht gelegt und einen späteren Wegfall der Beschwer für unbeachtlich gehalten hatte)], u. a. m.

Rechtsprechung bei Fehlen gerade des Feststellungsinteresses weiterhin an einer Sachabweisung festhält, ist als eine, vor allem aus ihrem Beharrungsvermögen erklärbare Rückständigkeit zu werten, die jedoch auch dann in die Augen springt, wenn überalterte Vorentscheidungen als vornehmliche Stütze herangezogen werden [43].

---

[43]) Ein geradezu klassisches Beispiel hiefür bietet die jüngstveröffentlichte E. des OGH. vom 20. 3. 1963, EvBl. 1963, Nr. 253, der der Leitsatz vorangestellt wurde: „Bei Fehlen des rechtlichen Interesses an der alsbaldigen Feststellung ist die Feststellungsklage mit Urteil abzuweisen.“ Die Entscheidung meint zunächst, die Frage, ob in Fällen dieser Art mit Sach- oder aber mit Prozeßabweisung vorzugehen sei, sei nicht in der Rechtsprechung, sondern nur in der Rechtslehre umstritten. Als ob es nicht wohlverstandene wechselseitige Pflicht von Rechtsprechung und Rechtslehre wäre, aufeinander Bedacht zu nehmen und einer gemeinsamen Fortentwicklung zuzustreben! Die Entscheidung meistert aber auch die wenigen, von ihr herangezogenen Literaturstellen nicht. Sie nimmt für sich Neumann, Kommentar zu den Zivilprozeßgesetzen[4] (1927/28), S. 884, und Pollak, a. a. O., S. 11, in Anspruch, ohne zu beachten, daß sich diese beiden Autoren hier nur wiederum ausschließlich auf eine ständige Rechtsprechung berufen. Petschek, der seinerzeit wirklich theoretische, wenn auch nicht mehr zu billigende Gesichtspunkte bereitgestellt hat (Anm. 38), bleibt unerwähnt. Sperl wird wohl als Gegner der weiterhin aufrechterhaltenen Rechtsprechung erkannt, es wird jedoch bloß auf eine Stelle seines Lehrbuchs und nicht etwa auch auf seinen Beitrag in der Festschrift für Franz Klein (1914) hingewiesen. Der als weiterer Gegner angeführte Fasching, Kommentar zu den Zivilprozeßgesetzen (1959 ff.), wird schon technisch falsch zitiert — „S. 228, Anm. 8“ statt richtig: „Bd. III, S. 50, Anm. 8 zu § 228“ —, nicht minder aber auch inhaltlich, weil er gerade in dieser Anm. 8 über die Rechtsprechung des OGH. eher beifällig berichtet und erst in der Anm. 9 auf die vom Gesichtspunkt des Rechtsschutzbedürfnisses erheischte Entscheidungsform (Prozeßabweisung), freilich wiederum nur flüchtig referierend, zu sprechen kommt, um schließlich zu dem Endergebnis zu gelangen: „...; das Gesetz läßt beide Möglichkeiten offen“ (a. a. O., S. 51); Fasching erweist sich damit lehrmäßig als völlig unergiebig und kann daher keiner der widerstreitenden Auffassungen etwas bieten, weder Schützenhilfe noch Gegnerschaft. Und damit hört die Berücksichtigung der Rechtslehre in der hier behandelten Entscheidung auch schon auf. Da hätte die im konkreten Fall von der zweiten Instanz ins Treffen geführte Vorentscheidung des OGH. vom 25. 6. 1958, JBl. 1958, S. 519 f. (nicht: 591), schon mehr

Möge sich daher endlich auch die österreichische Judikatur dazu entschließen, die Lehre vom Rechtsschutzanspruch als „fruchtbaren Irrtum“ [44]) zu betrachten, zu erkennen, was das Rechtsschutzbedürfnis jetzt bedeutet, um dann eine einheitliche Stellung zu beziehen! Nur so wird sie an der theoretischen Weiterentwicklung teilnehmen und aus ihr Gewinn ziehen können.

IV.

Wenn ich jetzt auf ein paar Einzelprobleme eingehe, um ihre Behandlung im nachgelassenen Werk Petscheks zu beleuchten, habe ich mich an vorgegebene Grenzen zu halten; denn auch eine Buchbesprechungs-„Abhandlung“ soll und darf nicht etwa zu einem eigenen System anwachsen. Die so erzwungene engste Auswahl wird gewiß hunderte andere — nicht minder wichtige — Fragen

Literatur zur Prüfung bereitgestellt (allerdings für die entgegengesetzte Meinung); sie wurde jedoch von der Entscheidung aus 1963 mit dem Hinweis darauf abgetan, daß sie die umstrittene Frage offengelassen habe. Das trifft, rein äußerlich betrachtet, zu, zumal deshalb, weil der OGH. damals nicht genötigt war, diese Frage näher zu erörtern. Doch ging der unverkennbare Trend der Entscheidung aus 1958 dahin, eine nach neuerer theoretischer Erkenntnis überalterte Judikatur endlich einmal als überprüfungsbedürftig hinzustellen. Hingegen gibt es in der Entscheidung aus 1963 noch alte Rechtsprechungszitate. Die von ihr erwähnte, nichtveröffentlichte (oder zumindest ohne Fundstelle angegebene) Entscheidung 4 Ob 100/59 entzieht sich der Kontrolle der Leserschaft, die beiden veröffentlichten Vorentscheidungen SZ. V/133 und SZ. XV/8 besagen aber in Wahrheit gar nichts. Die E. vom 16. 5. 1923, SZ. V/133, enthält hinsichtlich der hier interessierenden Frage überhaupt nur den hingeworfenen Satz, daß die Klage schon mangels der Voraussetzungen des § 228 ZPO. abzuweisen gewesen wäre; sie rührt also nicht an dem Problem. Die als besonders gewichtig hervorgehobene und sogar dreimal angeführte Vorentscheidung vom 10. 1. 1933, SZ. XV/8, lehnt sich ganz kursorisch an Petschek, a. a. O. (Anm. 38), an und „registriert“ lediglich eine der Gegenstimmen (Sperl). Dies wird allerdings in der Entscheidung aus 1963 als „Auseinandersetzung“ mit der gegenteiligen Lehrmeinung Sperls hingestellt. Mit anderen Worten: Unfruchtbarer und nichtssagender als die Entscheidung EvBl. 1963, Nr. 253, kann eine Entscheidung nicht mehr sein; vor allem bewahrt sie sich davor, irgendeinen neuen Diskussionsbeitrag zu liefern.

44) Rosenberg, a. a. O., S. 438.

nicht einmal berühren können; darein muß ich mich eben schicken.

1. Es war ein altes — und, wie mir bekannt ist, von Zweckmäßigkeitserwägungen beherrschtes — Anliegen Petscheks, die Kompetenzabgrenzung zwischen den ordentlichen und den — zu Petscheks Zeiten mit einem sachlich, besonders aber auch örtlich weitaus bescheideneren Wirkungskreis ausgestatteten — Gewerbegerichten (jetzt: Arbeitsgerichten) nicht dem Begriff der Unzulässigkeit des Rechtswegs, sondern jenem einer zwar unverzichtbaren, aber nur bis zur formell rechtskräftigen Beendigung des Verfahrens wahrnehmbaren Unzuständigkeit zu unterstellen [45]). Es war ihm daran gelegen, das hier zumindest theoretisch stets schwebende Damoklesschwert des § 42 (2) JN. zu paralysieren. Freilich mußte er sich — um sich nicht von vornherein dem Vorwurf logischer Zwiespältigkeit auszusetzen — dazu verstehen, seinen Standpunkt ganz allgemein für das wechselseitige Verhältnis zwischen ordentlicher und Sonder-Gerichtsbarkeit (welcher Art immer) zu propagieren; so auch jetzt im nachgelassenen Werk (S. 52). Argumentiert hat er aber vorweg immer nur mit dem Hinweis auf gewisse Regelungen des gewerbegerichtlichen (jetzt: arbeitsgerichtlichen) und des börsenschiedsgerichtlichen Verfahrens; dabei ist es verblieben (siehe S. 52).

Nun, dort, wo die Frage heute mehr denn je am aktuellsten ist, nämlich bei der Arbeitsgerichtsbarkeit, die betont vorangetrieben und schließlich auf das ganze Bundesgebiet erstreckt worden ist, bin ich im Verein mit der herrschenden österreichischen Lehre immer wieder gegen diese Auffassung aufgetreten [46]), und jetzt verschafft mir

---

[45]) So schon in den „Zuständigkeitsfragen usw.“ (1911), S. 13 f. (damals noch unter Bedachtnahme auf das GewGerG. 1896), später dann vor allem in den Streitfragen, S. 46 (bezüglich des GewGerG. 1922).

[46]) Zur prozessualen Aufrechnungseinrede des österreichischen Rechts, JBl. 1951, S. 511 f.; ferner etwa JBl. 1956, S. 84 (Buchbesprechung mit einer eingehenden Stellungnahme gerade zu dem hier behandelten Problem und mit ausführlichen Zitaten), und zuletzt JBl. 1962, S. 318 [Entscheidungsbesprechung unter Bedachtnahme u. a. auch auf den m. E. ganz verfehlten Spruch Nr. 47 (neu) vom 3. 10. 1956, JBl. 1957, S. 22 ff. = SZ. XXIX/66].

Petscheks nachgelassenes Werk eine weitere Handhabe dafür, nachzuweisen, daß sich die von mir bekämpfte Ansicht nicht aufrechterhalten läßt.

Es beginnt damit, daß sich Petschek bei der Aufzählung der von ihm als solche anerkannten Sondergerichte, teils ohne, teils nur mit uneinsichtiger Begründung, als zu engherzig erweist (S. 45 ff.). So scheint es mir sehr bedenklich, den Patentgerichtshof mit „bürgerlichen Rechtssachen" nichts zu tun haben und lediglich „Verwaltungsgerichtsbarkeit" üben zu lassen [47]. Spricht etwa, um nur ein einziges Merkmal herauszugreifen, die vom § 41 PatentG. weitgehend geforderte Personalunion zwischen dem OGH. und dem PGH. dafür, dessen Rechtsprechungstätigkeit in einen scharfen Kontrast zur bürgerlichen Rechtspflege zu stellen; ganz abgesehen davon, daß sich der OGH. wie der PGH. oft genug mit ihrem Wesen nach gleichartigen Rechtsproblemen zu befassen haben? [48] Oder ist es richtig, daß der Verfassungsgerichtshof in den Bereich der bürgerlichen Rechtspflege nicht eingreift, etwa auch dann nicht, wenn er gemäß Art. 138 (1), lit. a und b, B.-VG. Kompetenzkonflikte zwischen Gerichten und Verwaltungsbehörden oder zwischen Gerichten untereinander zu schlichten hat? [49] Würde sich in Fällen der letztgenannten Art eine

---

[47] Ähnlich zwar auch Sperl, a. a. O., S. 103, jedoch in so betontem Zusammenhang mit der Kausalgerichtsbarkeit in Handelssachen, daß die bloß hingeworfene Bemerkung, der PGH. sei ein „Verwaltungsgericht", nur um so auffallender wirkt. Dagegen nehmen Pollak, a. a. O., insbesondere S. 211 und 227, oder Wolff, a. a. O., insbesondere S. 74 und 382 ff., nicht den geringsten Anstand, den PGH. den zivilen Sondergerichten zuzuzählen. Und der VfGH. selbst hat in seinem Erk. vom 13. 12. 1957, JBl. 1958, S. 468 f., bei einer beispielsweisen Erwähnung der „außerordentlichen Gerichte" neben den Arbeitsgerichten gerade den PGH. angeführt.

[48] Als einziges, aber immerhin beachtliches Beispiel seien hier die beiden, inhaltlich zusammengehörenden Entscheidungen des OGH. vom 4. 10. 1960, JBl. 1962, S. 38 ff., und jene des PGH. vom 5. 7. 1961, JBl. 1962, S. 48 ff., genannt.

[49] Hier sei nur ein von Petschek selbst in seinem nachgelassenen Werk, wenn auch in anderem Zusammenhang, geäußerter Satz zitiert: „Manchmal ist zwar zur Wahrnehmung der Nichtigkeit eine Behörde außerhalb des Organismus der ordentlichen Gerichte berufen (der Verfassungsgerichtshof auf Grund Kompetenzkonflikts)." So S. 35, und zehn Seiten später (S. 45)

mißverständlich den § 47 JN. als Grundlage heranziehende und damit in die Kompetenz des VfGH. eingreifende Entscheidung eines ordentlichen Zivilgerichts nur dem Vorwurf einer Überschreitung der „sachlichen Zuständigkeit“, nicht aber einer solchen des „ordentlichen Rechtswegs“ aussetzen? [50]) Warum sollen ferner die nach dem Dritten RückstellungsG., BGBl. Nr. 54/1947 (Novelle: BGBl. Nr. 148/1947), errichteten Rückstellungskommissionen keine zivilen Sondergerichte sein? Man werfe doch nur einen Blick auf die Zusammensetzung dieser Kommissionen in allen Instanzen und auf die Materie, mit der sie sich zu beschäftigen haben! [51]) Und bei den (heutigen) Schiedsgerichten der Sozialversicherung blieb es seit den Urfassungen des ASVG., GSPVG. und LZVG. (aus den Jahren 1955 und 1957), trotz einer schier unübersehbaren Fülle von Novellierungen, dabei, daß die Abgrenzung der „Zuständigkeit“ dieser Zwangsschiedsgerichte (vgl. hiezu die §§ 371 ASVG., 126 GSPVG. und 108 LZVG.) schon nach dem Buchstaben des Gesetzes, ebenso deutlich wie richtig, als eine solche der Rechtswegszulässigkeit gewertet wird, weil ein Überschreiten ihres Wirkungsbereichs nicht etwa der Z. 3, sondern ausdrücklich der Z. 6 des § 477 (1) ZPO. unterstellt wird [§§ 400 (2), Z. 1, ASVG., 145 (2), Z. 1, GSPVG. und 127 (2), Z. 1, LZVG.] [52]). Einwände ähnlicher Art gegen P e t s c h e k s Betrachtungsweise der Sondergerichtsbarkeit ließen sich noch mehr erheben!

Gewiß hat P e t s c h e k schon das Dritte RückstellungsG. kaum mehr gekannt, und keinesfalls konnten ihm

---

wird der VfGH. aus dem Kreis der zivilen Sondergerichtsbarkeit schlechtweg ausgeschlossen; darin scheint mir ein unlösbarer Widerspruch zu liegen!

[50]) P o l l a k, a. a. O., S. 211, 226 f., und W o l f f, a. a. O., vor allem S. 74, zweifeln gar nicht daran, daß Teile der Amtstätigkeit des VfGH. in die zivile Sondergerichtsbarkeit einzureihen sind.

[51]) Die Gerichte des öffentlichen Rechts sind sich darin einig, daß die Rückstellungskommissionen Sondergerichte sind; vgl. den Beschluß des VwGH. vom 14. 12. 1950, ÖJZ. 1951, S. 234 (Nr. 21), und das Erk. des VfGH. vom 15. 10. 1954, JBl. 1955, S. 93 f. Es hat aber auch die ORK. selbst in ihrem Erk. vom 13. 9. 1957, EvBl. 1957, Nr. 383, die Rückstellungskommissionen als Sondergerichte qualifiziert.

[52]) So auch der OGH. in seiner E. vom 20. 5. 1959, JBl. 1959, S. 420 f.

das ASVG., das GSPVG. oder das LZVG. zur Kenntnis gekommen sein. Alle der Modernisierung des Abschnitts über die Sondergerichte dienenden Umarbeitungen entstammen daher der Feder Stagels. Daß jedoch auch Petschek selbst etwa weder den Patentgerichtshof noch den Verfassungsgerichtshof in den Kreis der zivilen Sondergerichte einbezogen hat, geht wohl schon aus seinen seinerzeitigen Ausführungen im HdR. VII, S. 356, hervor. Aber mit der Ausklammerung auch nur eines einzigen Sondergerichts fällt das von Petschek, auf S. 52, aufgestellte generalisierende Urteil — daß das wechselseitige Verhältnis zwischen der ordentlichen und der Sonder-Gerichtsbarkeit (welcher Art immer) nicht nach den Grundsätzen einer jeweils fehlenden Rechtswegszulässigkeit, sondern nach jenen einer unverzichtbaren Unzuständigkeit zu werten sei — in sich zusammen, wobei bloß noch zu bemerken wäre, daß bezeichnenderweise auch im nachgelassenen Werk nur auf den § 5 des heutigen ArbGerG. und auf den Art. XXIV EGZPO. verwiesen wird, welche Bestimmungen ein „theoretisch" als „Unterschied der Gerichtsbarkeit" zu qualifizierendes Moment (so S. 45) zu einer bloßen Zuständigkeitsfrage herabgemindert haben sollen (S. 52).

Dazu sei Petschek noch an anderen Stellen seines nachgelassenen Werks zitiert: Er definiert die Zuständigkeitsordnung als „Verteilung der Rechtssachen unter alle mit gleicher (also hier: ordentlicher) Gerichtsgewalt versehenen Gerichte" (S. 90) und betont unmittelbar danach, daß zwischen Gerichtsbarkeit und Zuständigkeit scharf unterschieden werden müsse (S. 91). Er sieht das Wesen der sachlichen Zuständigkeit in der Verweisung der verschiedenen Gattungen von Rechtssachen an verschiedene Sorten von gleichorganisierten Gerichten (S. 92), um diese Erscheinung dann in zwei Begriffspaaren kulminieren zu lassen: bezirksgerichtliche und Gerichtshofs-Zuständigkeit einerseits sowie allgemeine und Kausal-Zuständigkeit anderseits (S. 93 f.). Er definiert schließlich die Zulässigkeit des Rechtswegs als Zugehörigkeit der Rechtssache zur inländischen streitigen ordentlichen Gerichtsbarkeit (S. 138). Kann man auch nur diese wenigen Aussagen mit dem vorher erwähnten, alles verflachenden Urteil über das Verhältnis zwischen ordentlicher und Sonder-Gerichtsbarkeit unter einen Hut bringen?

Und in der von Stagel zwar einschneidend, aber doch

nur überarbeiteten Darstellung des gewerbegerichtlichen (jetzt: arbeitsgerichtlichen) Verfahrens (Vorwort, S. III) wird bei den Prozeßvoraussetzungen dominierend nicht etwa von einer „sachlichen Zuständigkeit der Arbeitsgerichte“, sondern von der „Zulässigkeit des Arbeitsgerichtswegs“ gesprochen (S. 457) und später hervorgehoben, daß für das ordentliche Gericht hinsichtlich der dem Arbeitsgericht zugewiesenen Sachen „Unzulässigkeit des (ordentlichen) Rechtswegs“ bestehe (S. 458). Im Anschluß daran liest man noch den Satz: „Bei Anwendung des 477 zufolge 23 ArbGerG. muß die ‚Unzulässigkeit des Rechtswegs‘ als Mangel im Sinn 477 (1) Z. 6, der Mangel zufolge Zugehörigkeit der Sache vor das ordentliche Gericht dagegen als Mangel im Sinn 477 (1) Z. 3 angesehen werden“ (S. 459). Als Konsequenz dessen wird sogar die Möglichkeit einer bloß einseitigen Anwendbarkeit des § 42 JN. in Betracht gezogen, wobei schon die dem Bearbeiter S t a g e l offenbar unterlaufene Flüchtigkeit, in diesem Satz den Ausdruck „gewerbegerichtliches Verfahren“ zu gebrauchen, darauf hindeutet, daß wir hier eine unverändert gelassene Manuskript-Stelle vor uns haben (S. 459). Kurz: Nichts stimmt mit dem anderen überein, eine rechtslogische Geschlossenheit ist nicht erkennbar.

Ich habe schon früher angedeutet, daß es P e t s c h e k lediglich um Zweckmäßigkeitserwägungen (und auch da vor allem nur um die damaligen Gewerbegerichte) ging — das weiß ich aus seinen Vorlesungen. Sie finden aber keine rechtliche Stütze und lassen derart klaffende Risse erkennen, daß es wahrlich besser ist, man hält sich an das Gesetz, das eine Abgrenzung der ordentlichen von der Sonder-Gerichtsbarkeit (welcher Art immer) nur nach Maßstäben der Rechtswegszulässigkeit kennt, und stellt es dem Gesetzgeber anheim, zu überlegen, ob er denn wirklich an jeder — die ordentliche Gerichtsbarkeit immer mehr aushöhlenden — Art von Sondergerichtsbarkeit festhalten wolle; wenn er — oft nicht gerade aus r e c h t s politischen Gründen — darauf beharrt, muß er entweder auch das sonstige Normengefüge und damit nicht zuletzt die volle Wirkung des § 42 JN. in Kauf nehmen oder aber wohlbewährtes Rechtsgut für den ihm erforderlich scheinenden Einzelfall aufopfern. Ob so oder so: Nie wird eine Hypertrophie der Sondergerichtsbarkeit auf wahrhaft o b j e k t i v e s Verständnis stoßen können!

2. Unmittelbar nach der Behandlung der Arten der staatlichen Gerichtsbehörden (ordentliche und Sonder-Gerichte) wendet sich Petschek dem Kapitel „Die innere Gerichtsverfassung" zu (S. 52 ff.). Hier wie im folgenden Kapitel „Die ordentlichen Gerichte als Rechtsschutzorgane" (S. 62 ff.) haben wir Stagel viel zu verdanken, weil er sich der Mühe unterzogen hat, z. B. das neue RechtspflegerG., BGBl. Nr. 180/1962, vor allem jedoch das RichterdienstG., BGBl. Nr. 305/1961, zwar schlagwortartig, aber einprägsam, in die betreffenden Partien des nachgelassenen Werks einzubauen. Und auch da wird er das ihm vorgelegene Manuskript als eindeutige Richtschnur verwendet haben können; denn, trotz der von R. Walter[53]) wider mich erhobenen Angriffe, auf die noch zurückzukommen sein wird, halte ich an meiner schon einmal geäußerten Meinung fest, daß das RDG. „im wesentlichen nur altes Rechtsgut wiederbringt" [54]), an einer Erkenntnis, die Juristen mit großer Erfahrung vielleicht selbstverständlich erscheint[55]), nach einem entsprechenden Vergleich der Rechtsgrundlagen in ihren einzelnen Entwicklungsstufen aber von jedermann gewonnen werden kann.

Gleich am Eingang des Unterabschnitts „Die Gerichtspersonen" (S. 54) findet sich der beachtliche Literaturhinweis auf Petscheks Abhandlung „Der Nicht-Richter", ZBl. 1933, S. 17 ff., deren Bedeutung nach wie vor unbestreitbar ist, wiewohl die Erörterung der ersten Gruppe der „richterlichen Personen" — der Berufsrichter — dem in Geltung stehenden RDG. Rechnung zu tragen hatte. Da glaube ich nun, daß Stagel seine Umarbeitung besonders an einer Stelle nicht „möglichst im Geiste Petscheks" (Vorwort, S. III) gestaltet hat, nämlich dort, wo er sagt:

---

[53]) Über die Möglichkeit isoliert zivilprozessualer Betrachtung und den Zusammenhang von Rechtskraft und Bindungswirkung, JBl. 1963, S. 347 ff.

[54]) JBl. 1962, S. 641 (Entscheidungsbesprechung).

[55]) Stanzl hat seine Buchbesprechung, ÖJZ. 1963, S. 307, mit folgendem Satz abgeschlossen: „Zwischen dem deutschen Richtergesetz und dem österreichischen RichterdienstG. v. 14. Dez. 1961, BGBl. Nr. 305, ist übrigens nicht nur eine zeitliche, sondern eine recht auffällige inhaltliche Parallele in der Richtung festzustellen, daß beide Gesetze ‚wirklich grundlegend Neues' nicht bringen."

„Sogar körperliche oder geistige Gebrechen, die den Richter zur Erfüllung seiner Amtspflichten untauglich machen, berauben ihn zunächst nicht der Richterstellung und nehmen seinen Handlungen nicht die Kraft von Amtsakten, solange nicht seine Dienstenthebung verfügt ist" (S. 56). Gerade in Fällen dieser Art dürfte nämlich Petschek eher für „Wirkungslosigkeit" plädiert haben [56]). Bleibt er doch nach wie vor dabei, die Rechtsfolgen der Verletzung zwingenden Prozeßrechts nach drei Richtungen abzustufen: a) prozessuale Nichtigkeit, b) relative Unbeachtlichkeit und c) Wirkungslosigkeit, wobei er den Begriff „Wirkungslosigkeit" m. E. recht weit spannt und, wenig homogen, auf ganz verschiedene Gebiete ausgreifen läßt, so z. B. auch den Fall miteinbezieht, daß ein Feststellungsurteil auf die rechtliche Qualifikation eines Rechtsverhältnisses lautet (S. 36).

Freilich bin ich da besonders empfindlich und trete — nach einer dreißigjährigen, sich auf alle drei Instanzen erstreckenden Gerichtstätigkeit — mit voller Überzeugung dafür ein, daß man schon die „Vernichtbarkeit" nur ja nicht überspannen dürfe — diese Tendenz wird auch von Petschek mit aller Deutlichkeit hervorgekehrt (S. 35 f.) —, geschweige denn erst die „Wirkungslosigkeit", ein Begriff, der stets mit der Gefahr gekoppelt ist, dem „Rechtsvergewisserungszweck des Prozesses" (S. 35) geradezu den Boden abzugraben.

Im übrigen führt das eben genannte, mich zu dieser Aussage bewegende Beispiel einer „Wirkungslosigkeit" zu der schon behandelten Lehre vom Rechtsschutzanspruch zurück [57]). Nach dieser (abzulehnenden) Theorie läge ja im Erlassen eines Feststellungsurteils, das sich in der Qualifikation eines Rechtsverhältnisses erschöpft, nur eine Mißachtung jener Rechtsschutzvoraussetzung, die „Rechtsschutzfähigkeit" genannt wird (S. 248) [58]). Und gerade deshalb könnte man einwenden — jetzt nur von der Bejahung oder Verneinung der „Rechtsschutzfähigkeit" aus gesehen —: Warum sollte bei ausnahmsweisem Vorhandensein eines Feststellungsinteresses eher Naturalobligationen Fest-

---

56) Vgl. ZBl. 1933, S. 35 ff.

57) Siehe oben, Text unter III.

58) So schon früher und sehr deutlich Petschek, a. a. O. (Anm. 38), S. 258, oder ZBl. 1932, S. 140 f. (Entscheidungsbesprechung).

stellungsfähigkeit zuerkannt werden [59]) als der umstrittenen rechtlichen Natur etwa eines Dauerschuldverhältnisses? [60]) Richtig besehen, käme es daher im wesentlichen auch hier immer auf das Vorliegen eines Rechtsschutzbedürfnisses (im heute verstandenen Sinn) an, das allerdings einer strengen Prüfung zu unterziehen wäre; wird es im konkreten Fall bejaht und deshalb zur Sache entschieden, so bestehen weniger Bedenken dagegen, das Urteil endgültig Recht schaffen zu lassen zwischen den Parteien, als dagegen, es (ohne zeitliche Schranke!) als wirkungslos zu werten.

Viel wichtiger scheint mir jedoch ein anderer Umstand zu sein. Weder die Ausführungen Petschek-Stagels über das Berufsrichtertum (S. 54 ff.) noch die Gesichtspunkte, die Petschek für den von ihm festgelegten Begriff der Wirkungslosigkeit einer Entscheidung ins Treffen führt (S. 36), enthalten eine Andeutung in der Richtung, daß, um einen verallgemeinernden, aber bildhaften Ausdruck einzuführen, die „Fehlverwendung" eines Vollrichters [61]) — ausgenommen den ganz anders gelagerten Fall eines judex inhabilis oder eines judex suspectus; hier spricht Petschek von einer den Prozeßvoraussetzungen gleichwertigen Urteilsvoraussetzung (S. 143 ff.) — prozessual ahndbar wäre [62]). In den Geschäftsverteilungsvorschriften sieht Petschek in voller Kenntnis des Art. 87 (3) B.-VG. einen gegen allfällige Mißbräuche der Justiz verwaltung gerichteten Hemmschuh (S. 56), und einer Verletzung der bezirksgerichtlichen Geschäftsverteilung legt er mit Nachdruck „nur justizadministrative, nicht prozessuale Bedeutung" bei (S. 64), voll gedeckt durch den nach wie vor geltenden § 26 (3) GOG. [hiezu § 173 (2), Z. 3, RDG.]. Damit wird er sich vielleicht demselben, wohl haltlosen Vorwurf des Mangels an „verfassungskonformer Gesetzes-

---

[59]) Siehe oben, Text vor Anm. 28.

[60]) So gelegentlich die Judikatur; vgl. etwa die E. des OGH. vom 24. 10. 1951, SZ. XXIV/285 (Klage auf Feststellung, daß ein konkretes Bestandverhältnis nicht den Mietzinsbeschränkungen des MG. unterliege).

[61]) Der fachmännische Laienrichter, dessen im nachgelassenen Werk auf S. 36 gedacht wird, ist eben weit und breit kein „Vollrichter".

[62]) Von der Laiengerichtsbarkeit sei hier mit Absicht nicht die Rede, weil sie ganz anderen gesetzlichen Bestimmungen folgt.

interpretation" aussetzen, den R. Walter gegen mich erhoben hat[63]), nicht jedoch dem Vorwurf eines Mangels allumfassender Gesetzeskenntnis, den ich als angeblich „isoliert zivilprozessualer Betrachter" den Anwürfen R. Walters entgegenzusetzen habe.

Um nun die bezüglichen Ausführungen R. Walters kurz zu streifen, muß ich vorerst eine Selbstverständlichkeit herausgreifen. Petschek kennt sehr wohl den — schon durch den Aufbau der gesetzlichen Regelung betonten (vgl. §§ 34 f. JN. einerseits und §§ 36 ff. JN. anderseits) — Unterschied zwischen „ersuchtem Richter" und „beauftragtem Richter", eine Unterscheidung, die R. Walter offenbar gar nichts sagt[64]), und erkennt auch treffend das Wesen des „ersuchten Richters": „Das ersuchte Gericht handelt für das fremde Gericht, aber in Ausübung eigener Gerichtsmacht, es ist nicht Organ des ersuchenden Gerichts, daher steht das ersuchte Gericht unter der Kontrolle des ihm übergeordneten Gerichts" (S. 75). Ganz anders der beauftragte Richter, der nicht Einzelrichter ist und der Korrektur seines Auftraggebers untersteht (vgl. S. 68 f.). Petschek kennt ferner in „schlicht-einseitiger" Betrachtungsweise die JN. und den Inhalt ihres § 36 (1), der sowohl über das „Jurisdiktionsmandat" als auch über die „Rechtshilfe" (im engeren Sinn) Auskunft gibt (S. 74 f.). Der erste Satz dieser Gesetzesstelle räumt jedem Gerichtshof die Möglichkeit ein, den Vollzug von Amtshandlungen, die er sonst selbst vorzunehmen hätte, einem in seinem Sprengel gelegenen Bezirksgericht zu übertragen, wenn dies entweder durch besondere gesetzliche Vorschriften angeordnet ist, oder wenn dadurch die Behandlung der Sache

---

[63]) A. a. O., vornehmlich S. 349, 351.

[64]) In seiner Schrift „Verfassung und Gerichtsbarkeit" (1960), S. 75, liest man einerseits die beruhigende Mitteilung, daß die Institution des „beauftragten Richters" verfassungsrechtlich unbedenklich sei, anderseits aber eine kaum faßbare Begründung: „... weil es sich nicht um eine Weisung, sondern um eine Übertragung von Geschäften, die der beauftragte Richter weisungsfrei durchzuführen hat — mag der Senat sie auch abändern können — handelt, seine (des beauftragten Richters) Stellung ist der eines ersuchten Richters gleich. Es handelt sich gewissermaßen um ein bindendes Ersuchen an ein Mitglied des eigenen Gerichts." Das ist originell und einmalig — mehr dazu zu sagen, ist wahrhaftig nicht nötig!

erleichtert oder unnützer Kostenaufwand vermieden werden kann (Jurisdiktionsmandat). Gleich im nächsten Satz kommt das Rechtshilfeersuchen (im engeren Sinn) zur Sprache, das eine Amtshandlung außerhalb des Sprengels des ersuchenden Gerichts ins Auge faßt [65]).

Nun versteht sich R. Walter ohneweiters zur Konzession, den „ersuchten Richter" gelten zu lassen. Freilich mißversteht er dessen Stellung von Grund auf; denn er sagt: „Dieser (der ersuchte Richter) wird für sein Gericht (und somit auch bei seinem Gericht) [66]) tätig und dieses steht im Dienste eines anderen" [67]). Daran anschließend fährt R. Walter fort: „Das ist keine willkürliche Konstruktion, sondern eine Regelung des positiven Rechts, mit erheblichen Konsequenzen" [68]). Der Satz mag weit gehaltvoller sein, mir genügt aber schon die in ihm von R. Walter zum Ausdruck gebrachte Bereitschaft, einer „Regelung des positiven Rechts" Beachtung zu schenken, und hier kann es sich in erster Linie wohl nur um die Anerkennung der §§ 36 ff. JN. handeln. Bringt man sich dazu in Erinnerung, daß R. Walter auch am „beauftragten Richter" nichts auszusetzen findet — wiewohl er dessen Rechtsstellung nicht minder denaturiert — [64]), so könnte man im Ergebnis ganz zufrieden sein: Komplexe, positivrechtliche Regelungen, angefangen vom beauftragten Richter bis zum ersuchten Richter, eingeschlossen das sog. Jurisdiktionsmandat, vermögen daher sogar vor R. Walter zu bestehen, u. zw. auch nach Inkrafttreten des RDG.! Warum aber dann der Versuch eines Frontalangriffs gegen die §§ 79 (1); 2. Satz, KO. und 29 (1), 2. Satz, AO., gegen Regelungen des positiven Rechts, die sich in das gedankliche Grundkonzept der §§ 34 ff.

---

[65]) Das alles dürfte R. Walter nicht geläufig sein, obwohl das nachgelassene Werk Petscheks hier wahrhaftig nicht als himmelstürmend bezeichnet werden kann; viel ausführlicher und breiter steht nämlich dasselbe etwa schon in dem 1898 erschienenen Werk Hortens, Die Jurisdictionsnorm und ihr Einführungsgesetz, ein Commentar, zu lesen (vgl. dort insbesondere S. 185 f.).

[66]) Sperrung von mir.

[67]) A. a. O. (Anm. 53), S. 352. — Schon eine ganz flüchtige Konfrontation mit Petscheks richtiger Definition (oben, Text nach Anm. 64) zerreißt hier wohl jeden Schleier!

[68]) A. a. O. (Anm. 53), S. 352.

JN. reibungslos einfügen, freilich der konkreten Gegebenheit entsprechen, daher auch die den Konkurs-(Ausgleichs-) Kommissär auszeichnende funktionelle Selbständigkeit beachten, und nichts anderes besagen als etwa: Der Konkurs- oder Ausgleichssenat kann aus Zweckmäßigkeitsgründen statt eines Einzelrichters des Gerichtshofs auch einen Einzelrichter eines im Gerichtshofsprengel gelegenen Bezirksgerichts zum Konkurskommissär bestellen?[69]) Dessen Verwendung bei seinem (Bezirks-)Gericht wird ja dadurch ebensowenig in Frage gestellt wie sein Tätigwerden für das Konkurs- oder Ausgleichsgericht! Und woher sollten Zweifel gar daran aufsteigen, daß der von der KO. und AO. — also von zwei Gesetzen — elektiv vorgesehene bezirksgerichtliche Konkurs-(Ausgleichs-)Kommissär nicht auch ein gesetzlicher Richter im Sinn des Art. 83 (2) B.-VG. wäre? Ich muß sagen: Von Kelsen und Merkl geschult, habe ich mich bis heute gerade auch mit Staatsrecht immer wieder viel beschäftigt, aber trotzdem — oder vielleicht gerade deshalb? — kann ich R. Walter nicht verstehen![70]), [71])

[69]) Der Zweckgedanke ökonomischer Regelung beherrscht übrigens jede brauchbare Verfahrensordnung; vgl. die zur hier erörterten Frage erflossene E. des OLG. Innsbruck vom 28. 2. 1963, JBl. 1963, S. 383 f., die sich in diesem Zusammenhang auch mit der rechtsähnlichen Vorschrift des § 12 (2) StPO. auseinandersetzt.

[70]) Um nicht allzu „einseitig" zu erscheinen, will ich bloß darauf hinweisen, daß die JN. — und nicht nur sie (vgl. etwa die §§ 62 f. StPO.) — z. B. auch verfassungsrechtlich unanfechtbare Delegierungen kennt (§§ 30 f.), nicht minder eine von der ersten Instanz ausgehende, gänzliche oder teilweise Zuständigkeitsübertragung (§ 111), daß ferner das B.-VG. selbst eine wechselseitige Rechtshilfepflicht aller behördlichen Organe normiert (Art. 22), ja sogar eine Delegierung auf dem Sektor der Gesetzgebung kennt [Art. 10 (2)], usw. — Was aber das Derogationsproblem im allgemeinen anlangt, hat die kürzlich veröffentlichte E. des OGH. vom 20. 9. 1962, JBl. 1963, S. 391, meine Stellungnahme zur E. des OGH. vom 12. 7. 1962, JBl. 1962, S. 640 ff., einsichtig untermauert.

[71]) So halte ich es für müßig, R. Walters Ausführungen, a. a. O. (Anm. 53), weiterzuverfolgen, etwa darauf hinzuweisen, daß nur er im § 7 a JN. „unbestrittenermaßen" eine Vorschrift über die Besetzung des Gerichts sieht (vgl. dagegen z.B. das nachgelassene Werk Petscheks, S. 72), daß es eine Rechtskrafterstreckung auf Dritte gibt usw. Ich brauche aber

Um jedoch wieder zu meinem Hauptanliegen, nämlich zu Petscheks nachgelassenem Werk, zurückzukehren, möchte ich hier nur noch auf eine, ebenfalls im Kapitel über die Gerichte als Rechtsschutzorgane zu findende, sehr wichtige Aussage hinweisen. Petschek behandelt in diesem Zusammenhang, wie nicht anders zu erwarten, auch die Senate und geht auf die Art ihrer Abstimmung ein, um dann nachdrücklich hervorzuheben: „... kein jus variandi hinsichtlich der abgegebenen Meinung nach Schluß der Abstimmung, daher bis zur Bindung des Gerichts[66]) an die in die Rechtswelt getretene Entscheidung [416 (2)] kraft Ermessensbeschlusses des Senats Erneuerung der Abstimmung zulässig" (S. 67). Warum diese Selbstverständlichkeit besonders hervorheben? Nun, Fasching hat geglaubt, einen beim OGH. eingerissenen, bedauerlichen Abusus decken und dafür eintreten zu können, daß Revotationen nichtverkündeter Entscheidungen bis

---

auch nicht dafür Dank zu sagen, daß mir R. Walter den Zusammenhang zwischen Rechtskraft und Bindungswirkung vor Augen zu führen versucht hat; denn zu diesem Problem habe ich bereits eine Unzahl klassischer Meinungsäußerungen vernommen und verarbeitet. Nur auf einen einzigen inneren Widerspruch R. Walters sei hingewiesen: er betont gern den „klaren" Wortlaut des § 77 (1) RDG. oder des ganzen RDG. [a. a. O. (Anm. 53), S. 351], muß aber dann doch bedauernd hervorheben, daß der § 173 RDG. mangelhaft ist, die in ihm enthaltene Derogationsbestimmung daher zu Zweifeln Anlaß gibt [a. a. O. (Anm. 53), S. 352, Anm. 58]. — In diesem Zusammenhang kann ich mich schließlich auch nicht enthalten, meinem verehrten Freund, Herrn Senatspräsidenten Dr. Sabaditsch, einen Vorhalt zu machen: In der von ihm besorgten 4. Auflage der Konkurs-, Ausgleichs- und Anfechtungsordnung (1963) klammert er — im Gesetzestext! — den 2. Satz des § 79 (1) KO. eckig ein, als ob der Gesetzgeber hier eingegriffen hätte; dabei stützt er sich jedoch lediglich auf die umstrittene und m. E. bereits überzeugend widerlegte, schon mehrfach erwähnte E. des OGH. vom 12. 7. 1962, JBl. 1962, S. 640 ff., und nimmt sogar auf meine ablehnende Besprechung Bezug. Setzt er sich damit nicht in greifbaren Widerspruch zu § 12 ABGB.? Wozu noch die Pikanterie kommt, daß der nichts anderes besagende 2. Satz des § 29 (1) AO. in derselben Gesetzesausgabe unberührt geblieben ist. Einen solchen Mißgriff hätte ich gerade Sabaditsch nicht zugetraut; hoffentlich hat er bald Gelegenheit, eine 5. Auflage herauszubringen und diesen Irrtum zu berichtigen.

zu deren schriftlicher Ausfertigung gestattet seien [72]). Wahle hat ihn (auch da) in die Schranken gewiesen [73]) und einen sodann von Neuwirth [74]) angestellten Rechtfertigungsversuch ins rechte Licht gerückt [75]). Jetzt gesellt sich auch Petschek zu den wohl nicht zu übersehenden Mahnern, die die Unverrückbarkeit einer einmal beschlossenen, zwar nicht verkündeten, aber zur Ausfertigung abgegebenen Kollegialentscheidung betonen.

3. Petschek baut richtigerweise auf einem formellen Parteibegriff als Grundlage auf und steht damit im Einklang mit der auch in Deutschland herrschenden Lehre [76]). Nach ihm ist Partei „derjenige, der im eigenen Namen den Rechtsschutzanspruch geltend macht bzw. im eigenen Namen die Rechtsschutztätigkeit erdulden soll, mag er auch im fremden Interesse streiten; ... Dem Parteibegriff charakteristisch ist also die Negative, daß der Prozeßführer nicht namens, als Vertreter eines anderen Rechtsschutz fordert" (S. 146 f.). Eliminiert man aus dieser Begriffsbestimmung jede (gerade hier überflüssige) Erinnerung an die Theorie vom Rechtsschutzanspruch, so gelangt man ungefähr zu der einfacheren Definition Rosenbergs, der als Parteien im Zivilprozeß jene Personen bezeichnet, von welchen und gegen welche die staatliche Rechtsschutzhandlung im eigenen Namen begehrt wird [77]). Man findet aber auch Ähnlichkeiten zu Pollaks Auffassung, weil dieser Autor nach einer möglicherweise verschiedene Auslegungen zulassenden Kurzdefinition besonders hervorhebt, daß ein Handeln im eigenen Interesse dem Parteibegriff nicht immanent sei [78]). Hingegen faßt Sperl seinen Parteibegriff weiter, weil er ihm neben den beiden

---

[72]) A. a. O. (Anm. 43), Bd. I, S. 191.

[73]) Ein neuer Zivilprozeßkommentar, JBl. 1960, S. 37.

[74]) Ein „junger Mann" und die Kritik seines Werkes, ÖJZ. 1960, S. 312.

[75]) Wie auf eine kritische Besprechung des neuen Zivilprozeßkommentars reagiert wurde, JBl. 1960, S. 465 f.

[76]) Vgl. etwa Rosenberg, a. a. O., S. 162 f., Schönke-Schröder-Niese, Lehrbuch des Zivilprozeßrechts[8] (1956), S. 118, Lent-Jauernig, Zivilprozeßrecht[10] (1961), S. 35 f., u. a.

[77]) A. a. O., S. 162.

[78]) A. a. O., S. 119.

„Hauptparteien“ (dem Kläger und dem Beklagten) auch die „Nebenpartei“ (den Nebenintervenienten) eingliedert[79]), während Petschek[80]) Versuchen dieser Art entschieden entgegentritt (S. 145 f., 306).

Hier sollen aber die mannigfaltigen und oft sehr diffizilen Abwandlungen des — wenn ich so sagen darf — Partei-Grundbegriffs nicht gegeneinander abgewogen oder auch nur wiedergegeben, sondern es soll lediglich untersucht werden, ob es auch besondere Parteien kraft Amtes gibt, eine Frage, die von der heute herrschenden Lehre bejaht wird, wogegen Petschek diese Parteikategorie als „nicht annehmbar“ bezeichnet (S. 147).

Die im Streit um den Begriff der Partei kraft Amtes immer wieder vorangestellte Person des Masseverwalters behandelt auch Petschek an erster Stelle[81]), um im Fall der §§ 3 (2) und 8 AO. Analoges für den Ausgleichsverwalter gelten zu lassen (S. 147 ff.); er übersieht es aber auch ganz und gar nicht, den Zwangsverwalter und den Überweisungsgläubiger (oder den „Ermächtigten“ im Sinn des § 333 EO.) in die Untersuchung miteinzubeziehen (S. 150 f.), in voller Kenntnis des Umstands, daß keines dieser „Organe“ anders behandelt werden dürfte[82]). In allen diesen Fällen lehnt er die früher im Vordergrund gestandene Vertretertheorie — die (etwas krampfhaft) nach der jeweils vertretenen Person sucht — ab und modifiziert sie dahin, daß die genannten Organe zwar vertreten, nicht aber Per-

---

[79]) A. a. O., S. 161, 175.

[80]) Ebenso etwa Pollak, a. a. O., S. 123, oder Skedl, Das österreichische Civilprozessrecht I (1900), S. 120 f., Anm. 1.

[81]) Speziell die Rechtsstellung des Masseverwalters hat Petschek schon seinerzeit eingehend untersucht, als er die erste Lieferung der noch von Jaeger selbst herausgegebenen 6./7. Auflage des Kommentars zur DKO. rezensierte (ZBl. 1929, S. 694 ff.); ein markanter Auszug aus dieser Besprechung findet sich in seinen Streitfragen, S. 239 ff.

[82]) Hiezu Novak, JBl. 1956, S. 59 (Besprechung der von Lent bearbeiteten ersten Lieferung der 8. Auflage des Jaegerschen Kommentars); in dieser Rezension bin ich u. a. auch auf Petscheks Ansicht (oben, Anm. 81) kurz eingegangen und habe hervorgehoben, daß das Problem über das Konkursrecht hinausrage und nur im Zusammenhang mit einer Untersuchung der Rechtsstellung anderer Organe (Zwangsverwalter, öffentlicher Verwalter, Überweisungsgläubiger usw.) befriedigend ergründet werden könne.

sonen, sondern mit Rechts- und Parteifähigkeit ausgestattete Sondervermögen (Konkursmasse, gebundene Ausgleichsmasse, Zwangsverwaltungsmasse, durch Pfändung verstricktes Sondergut).

Petscheks Argumente sind tiefgründig und vielfältig. Sie schließen es m. E. aus, die erwähnten Organe weiterhin als Vertreter irgendwelcher Personen in Betracht zu ziehen [83]). Ob es aber heute noch richtig ist, ihnen überhaupt Vertreter-Eigenschaft (wenn auch hinsichtlich einer Sondermasse) zuzubilligen?

In meinen Augen war Petscheks Lösungsvorschlag bis zu der Zeit, da er seiner Heimat den Rücken kehren mußte, fraglos der beste. Seither hat sich aber manches ereignet, was Petschek zu registrieren nicht mehr in der Lage war. So hat er das erste VerwalterG., BGBl. Nr.

---

[83]) Der vermittelnde Versuch Faschings, den Masseverwalter als gesetzlichen Vertreter der Konkursmasse oder des Gemeinschuldners anzusprechen [a. a. O. (Anm. 43), Bd. II, S. 110 f.], ist theoretisch nicht tragfähig. Er gewinnt auch dann nicht an Bedeutung, wenn Fasching (ebenda, S. 110 f.) beim Masseverwalter gegen die Amtstheorie einwendet: „. . .daß hier neben dieser Partei kraft Amtes auch noch eine weitere Partei als materielle Partei bestünde, nämlich die Konkursmasse oder der Gemeinschuldner, denn in diesen treten die Wirkungen der Streitanhängigkeit und der Rechtskraft, der Kostenersatzpflicht und der Leistungspflicht ein. Ein Auseinanderfall der formellen und der materiellen Parteirolle ist dem österreichischen Prozeßrecht fremd und widerspricht seinen Grundsätzen." Daran verwundert vornehmlich dreierlei: Einmal, daß Fasching den (ebenfalls formellen) Parteibegriff Rosenbergs (oben, Text vor Anm. 77) — von einer kleinen, irreführenden Änderung abgesehen — wörtlich übernimmt (ebenda, S. 109), dann aber doch wieder die „materielle Parteirolle" ins Treffen führt und vor einem Auseinanderfallen der formellen und der materiellen Parteirolle warnt (ebenda, S. 110); zum zweiten, daß er beim Zwangsverwalter und Überweisungsgläubiger — in Anlehnung an Petschek — nur an eine Vertretung von Sondermassen denkt (ebenda, S. 111 und 134 f.); und schließlich, daß er den öffentlichen Verwalter plötzlich als „gesetzlichen Vertreter des Eigentümers des unter öffentlicher Verwaltung stehenden Vermögens bezüglich der unter öffentliche Verwaltung gestellten Vermögenschaften" ansieht (ebenda, S. 111, 135). Ich glaube, diese wenigen Hinweise genügen: Fasching kommt mit seinen widersprüchlichen Aussagen bei der hier angestrebten theoretischen Auseinandersetzung gar nicht ins Spiel.

157/1946, ganz offensichtlich nicht mehr auswerten können [84]), was sich schon daraus ergibt, daß er den Zwang zu einer Zusammenschau restlos erkennt, den öffentlichen Verwalter jedoch nicht einmal erwähnt. Auch Stagel hat das nachgelassene Werk in diesem Belang nicht ergänzt. Petschek waren aber noch viel früher erlassene Vorschriften nicht mehr zur Kenntnis gekommen, so vor allem die vierte VereinfachungsVO. vom 12. 1. 1943, DRGBl. I, S. 7, die u. a. eine Neufassung des § 63 ZPO. gebracht und den Begriff der Partei kraft Amtes ausdrücklich „legalisiert" [85]) hat. Schließlich fehlte Petschek auch die Kenntnis von der FamilienrechtsangleichungsVO. vom 6. 2. 1943, DRGBl. I, S. 80, ja sogar — sei es hier beabsichtigt, sei es ungewollt — von der „großdeutschen" Ehegesetzgebung, insbesondere vom EheG. vom 6. 7. 1938, DRGBl. I, S. 807, und von dessen erster DurchführungsVO. vom 27. 7. 1938, DRGBl. I, S. 923; denn diese Gesetze haben in das Ehe- wie in das Abstammungsverfahren eingegriffen und eine neue Partei auf den Plan gerufen: den Staatsanwalt. Seiner — jedoch nur allgemein als „Staatsorgan" — wird im nachgelassenen Werk bloß in Form eines kurzen Hinweises gedacht (S. 86), der offenbar von Stagel stammt, da er in seinem Vorwort (S. III) hervorhebt, daß er die Partien über das Ehe- und das Abstammungsverfahren ganz neu habe bearbeiten müssen und daß das Manuskript nur eine Darstellung des auf dem Konkordat von 1933 aufgebauten Eheverfahrens enthalten habe. Stagels eigenständige Behandlung des Verfahrens in Ehesachen (S. 439 ff.) und des Verfahrens in Abstammungssachen (S. 448 ff.) müssen daher zunächst außer Betracht bleiben, wenn man sich mit Petscheks Einstellung zur Partei kraft Amtes auseinandersetzen will. Dies gilt nicht minder hinsichtlich der von Stagel durchgreifend überarbeiteten Darstellung des Armenrechts (hier interessiert vor allem

---

[84]) Das gilt selbstverständlich erst recht von der Weiterbildung dieses Gesetzes und seiner Wiederverlautbarung als „Verwaltergesetz 1952", BGBl. Nr. 100/1953.

[85]) So treffend W. Henckel, Parteilehre und Streitgegenstand im Zivilprozeß (1961), S. 125, der überhaupt viel Wertvolles zur Untermauerung der Amtstheorie beigesteuert hat. — Nur geht die gleichlautende Gesetzesänderung im deutschen Rechtsgebiet [§ 114 (3) DZPO.] schon auf die Novelle 1933 zurück.

S. 278) [86]), die nicht darüber hinwegtäuschen kann, daß sich Petschek mit der Neufassung des § 63 ZPO. nicht mehr auseinandersetzen konnte; sonst hätte er sie selbstverständlich bei seinen Ausführungen auf S. 145 ff. mitberücksichtigt.

Was zunächst die Regelung der öffentlichen Verwaltung anlangt, bin ich allerdings davon überzeugt, daß sie, wäre es bei ihr allein geblieben, Petschek nicht sehr beeindruckt oder dazu bewogen hätte, sich der Amtstheorie zuzuwenden. Ja, er hätte aus der Textierung des VerwalterG. (1946 wie 1952) sogar mehrfach den Schluß ziehen können, daß der öffentliche Verwalter nicht die Person des Verfügungsberechtigten, sondern eben nur dessen Unternehmen oder eine Vermögenschaft zu vertreten habe (vgl. etwa die §§ 1, 5 und 6 des VerwalterG. in beiden Fassungen).

Die Frage geht nur dahin, ob Petschek im Jahr 1946 (oder später) auf diesen Schluß überhaupt noch Gewicht gelegt hätte; denn er mußte sich seit dem Eingrei-

---

[86]) Auch sonst war Stagel gerade auf diesem Teilgebiet zu einer weitgehend selbständigen Stellungnahme verhalten, weil es bei zahlreichen, einschneidenden, durch die vierte VereinfachungsVO., DRGBl. 1943 I, S. 7, herbeigeführten Änderungen verblieben ist (Gesetz vom 3. 10. 1945, StGBl. Nr. 188). Hier liegt uns eine jener Partien des nachgelassenen Werks vor, bei der man oft im Ungewissen darüber bleibt, ob noch Petschek oder ob bereits Stagel spricht. Zweifellos Stagelscher Herkunft ist der wohl nicht überzeugende Versuch, zwischen dem im § 63 ZPO. als Voraussetzung für die Erteilung des Armenrechts genannten Erfordernis einer Beeinträchtigung des „notdürftigen" Unterhalts einerseits und der — einer späteren Nachzahlung jener Beträge, von deren Berichtigung die arme Partei einstweilen befreit war, vorbeugenden — Maßnahme des § 71 ZPO. anderseits, nämlich der Fortdauer der Beeinträchtigung des „notwendigen" Unterhalts, zu unterscheiden. Stagel hat auf diesen angeblichen Unterschied schon in der 10. Aufl. der großen Gesetzesausgabe der ZPO. und JN. (1951), S. 492, Anm. 1 zu § 71 ZPO., hingewiesen und daran festgehalten [11. Aufl. (1954), S. 489; 12. Aufl. (1960), S. 489]. Fasching hat sich Stagels Auffassung zu eigen gemacht [a. a. O. (Anm. 43), Bd. II, S. 450 f.] und wurde deshalb von Wahle, Die Weiterentwicklung des neuen Zivilprozeßkommentars, JBl. 1961, S. 454 f., bekämpft. Jetzt begegnen wir im nachgelassenen Werk Petscheks wieder dieser Meinung Stagels (S. 280).

fen des deutschen Gesetzgebers im Jahr 1943 — bei dem es der österreichische Gesetzgeber des Jahrs 1945 belassen hat — darüber im klaren sein, daß es Parteien kraft Amtes nun einmal wirklich gibt und daß sie unter bestimmten Voraussetzungen auch Anspruch auf Erteilung des Armenrechts haben, nämlich dann, wenn die zur Führung des Prozesses erforderlichen Mittel weder aus der verwalteten — nicht: vertretenen! — Vermögensmasse noch von den an der Führung des Prozesses wirtschaftlich Beteiligten aufgebracht werden können [§ 63 (3), 2. Satz, ZPO.].

Rosenberg, einer der wenigen, die die Vertretertheorie noch heute billigen, schiebt diesen, auch in Deutschland geltenden Gesetzestext [§ 114 (3) DZPO.] freilich zur Seite und spricht von einer „unverbindlichen Breviloquenz“ [87]), wogegen ich schon einmal Bedenken angemeldet habe [88]). Nun, zu einem so unbefriedigenden Auslegungsergebnis wäre Petschek nie genötigt gewesen. Denn, anders als die gewissermaßen klassischen Vorkämpfer der Vertretertheorie, zu denen auch Rosenberg zählt, abstrahiert er völlig von der Annahme, daß in den in Frage stehenden Fällen irgendwelche Personen vertreten würden; das lehnt er vielmehr strikt ab, spricht lediglich von einer Sondervermögens-Vertretung [89]) und schlägt damit eine Brücke zur Amtstheorie [90]). Für Petschek hätte es sich also lediglich darum gehandelt, nur noch einen kleinen Schritt vorwärts zu machen: Statt die „Vermögensmasse“ prozeßrechtlich in den Vordergrund zu stellen und das „Organ“ als deren Vertreter anzusehen, hätte er sich jetzt darauf beschränken können, die Akzentuierung zu verlagern, d. h. dem Organ die Parteirolle zu geben und — der geänderten Gesetzeslage entsprechend — die Vermögensmasse hinter das Organ treten zu lassen. Auf allen sonstigen grundlegenden Erkenntnissen hätte er beharren können. Er hätte sogar ein zusätzliches, in die Waagschale fallendes Argument dafür aufgefunden, daß in „Amtspartei-Fällen“ nur die im Hintergrund stehende Vermögensmasse, nicht aber das Organ kostenersatzpflichtig wird (hiezu insbesondere S. 147 und 151), und er hätte sich

[87]) A. a. O., S. 164.
[88]) A. a. O. (Anm. 82).
[89]) Siehe oben, Text nach Anm. 82.
[90]) Novak, a. a. O. (Anm. 82).

auch nicht mehr dem Einwand ausgesetzt gesehen, daß seine Abwehrstellung gegen die Annahme der Vertretung eines z. T. unbekannten Personenkreises (Gläubigerschaft), der sich schon wegen seiner „Unbestimmtheit" nicht dazu eigne, vertreten zu werden (S. 148), nicht gerade dafür spricht, einer fluktuierenden „Sondermasse" gegenüber konzilianter zu erscheinen.

Vielleicht hätte die Novellierung des § 63 ZPO. Petschek sogar besonders zufriedengestellt. Sein Standpunkt in Fragen des Armenrechts kann ja nicht der Stagel-Bearbeitung entnommen werden [91]), um so deutlicher geht er aus der Darstellung im HdR. VII, S. 385, hervor, wo es u. a. heißt: „Bei der Prozeßführung für die Konkursmasse ist diese die Partei, Verwalter und Gemeinschuldner können aber nicht Zeugen sein (373 ZPO.). Der Konkursmasse kann wohl [66]) das Armenrecht bewilligt werden." Was Petschek solcherart — gemessen an dem damaligen Text des § 63 ZPO. — nur rechtspolitisch fordern konnte, wäre endlich erfüllt gewesen!

Schließlich, aber nicht zuletzt, hätte die vom deutschen Gesetzgeber noch früher eingeführte, uns aber verbliebene Parteistellung des Staatsanwalts im Ehe- und im Abstammungsverfahren (hiezu die von Stagel bearbeiteten Stellen des nachgelassenen Werks, insbesondere S. 442, 449) Petschek m. E. dazu veranlaßt, den schon oben angedeuteten, im Grund minimalen Schritt weiterzugehen und der Amtstheorie deshalb den Vorzug zu geben, weil sie die einzige ist, die alle diese Erscheinungsformen unter einen Hut zu bringen vermag, so etwa auch das mögliche — in Österreich aber nie praktisch gewordene — Auftreten des Staatsanwalts als Kläger nach dem bei uns eingeführten und in Geltung gebliebenen deutschen AktienG. [92]).

Allein schon diese wenigen Erwägungen verdichten in

---

[91]) Vgl. oben, Anm. 86. — Und gerade hier war Stagel wirklich redlich bemüht, seine Überarbeitung möglichst im Geist Petscheks zu gestalten (Vorwort, S. III), da er bei der Behandlung des § 63 (3) ZPO. die Parteien kraft Amtes nur unter Anführungszeichen nennt und die durch sie vertretenen Vermögensmassen als Armenrechts-Ansprecher qualifiziert (S. 278).

[92]) Auch die Verfechter der klassischen Vertreter-Theorie müssen wenigstens dem gelegentlich in die Parteirolle hineingedrängten Staatsanwalt die Stellung einer Partei kraft Amtes zubilligen; vgl. etwa nur Rosenberg, a. a. O., S. 165.

mir die Überzeugung, daß sich Petschek, wäre es ihm vergönnt gewesen, sein Werk im Jahr 1963 selbst herauszugeben, den Verfechtern der Amtstheorie angeschlossen hätte.

Freilich sollte man in diesem Zusammenhang noch eine letzte Konsequenz ins Auge fassen: Ist die Partei kraft Amtes auch Organ im Sinn des AHG.? Loebenstein-Kaniak haben die Frage nur flüchtig gestreift, sie aber zumindest beim Notar als Gerichtskommissär und (mit gewissen Einschränkungen) beim öffentlichen Verwalter bejaht[93]. Die unlängst publizierte E. des OGH. vom 4. 4. 1963, EvBl. 1963, Nr. 348, zeigte noch viel mehr Zurückhaltung, fühlte jedoch zumindest die Weite der Problemstellung, ließ vieles offen und sprach schließlich dem Masse- oder Ausgleichsverwalter den Organcharakter im Sinn des AHG. dann ab, wenn er ohne gerichtliche Weisung tätig geworden ist. Stagel nimmt in der von ihm stammenden Bearbeitung des Amtshaftungsverfahrens (S. 433 ff.) zu diesem Problem begreiflicherweise überhaupt nicht Stellung, zumal es vorwiegend nichtprozessualer Natur, die Partei kraft Amtes im nachgelassenen Werk aber auch nicht zum Zug gekommen ist. Im Rahmen der Besprechung des Buchs erübrigt sich daher ein weiteres Eingehen auf diesen Fragenkomplex; er wird jedoch nicht verkannt, sondern nur vorläufig zurückgestellt[94].

---

[93]) A. a. O., S. 33 f.

[94]) Immerhin möchte ich darauf hinweisen, daß die erwähnte Entscheidung, EvBl. 1963, Nr. 348, nicht konsequent ist, wenn sie — zumindest mittelbar — Loebenstein-Kaniak, a. a. O., S. 178 (wichtiger schienen mir die Seiten 33 f.) und deren Einstellung zur Amtshaftung des öffentlichen Verwalters eher billigt, weil sie auf behördliche (hier: gerichtliche) „Weisungen“ abstellt, dann aber meint, der § 81 (3) KO. und der § 32 (3) AO. enthielten sozusagen eigene Haftungsbestimmungen, es werde — da ist wohl an § 81 (1) KO. und § 31 (1) AO. gedacht — ein Einstehen für die nach § 1299 ABGB. gebotene Sorgfalt festgelegt. Ja, im § 6 (2) VerwalterG. (1946 wie 1952) wird doch auch nur davon gesprochen, daß die öffentlichen Verwalter die Geschäfte mit der Sorgfalt eines ordentlichen Kaufmanns zu führen haben, und damit eindeutig auf die einschlägigen Bestimmungen des Handelsrechts verwiesen (vgl. etwa die §§ 347, 384 und 408 HGB.); die Entscheidung weicht daher dem Grundproblem nur aus!

4. Wenn ich eben vorhin meiner Überzeugung Ausdruck verliehen habe, daß Petschek eine Änderung seiner Lehrmeinung zuzumuten gewesen wäre [95]), habe ich das gewiß nicht ohne Grund getan. Es bot sich mir ja schon in anderen Zusammenhängen Gelegenheit, auf einen Frontwechsel Petscheks hinzuweisen, wobei ich ihm allerdings nicht immer zu folgen vermochte [96]). Sein nachgelassenes Werk läßt es aber auch an wahrlich begrüßenswerten Fortentwicklungen nicht fehlen, an Vorstößen, die beweisen, daß Petschek imstande war, sich gewissermaßen selbst zu überwinden.

Nur in aller Kürze sei hier als Beispiel vermerkt, daß Petschek eine von ihm seinerzeit mit größtem Nachdruck verfochtene Meinung, nämlich die Auffassung, daß eine Verletzung des Neuerungsverbots im Berufungsverfahren nach § 503, Z. 2, ZPO. anfechtbar sei [97]), sozusagen mit einem Federstrich aufgegeben hat. Unmittelbar nach Aufzählung der Revisionsgründe liest man jetzt den ebenso richtigen wie lapidaren Satz: „Die Verletzung des Neuerungsverbots durch das Berufungsgericht findet sonach unter den Revisionsgründen keinen Platz; sie fällt insbesondere nicht unter die Erscheinung der mangelhaften Stoffsammlung nach 503 Z. 2“ (S. 390) [98]). So steht nun Petschek im Einklang mit der Lehre wie mit der Rechtsprechung.

Was mir aber ganz besonders bedeutsam erscheint, ist die im nachgelassenen Werk erkennbare, weitere Vertiefung der — in ihren Anfängen der österreichischen Wissenschaft zu verdankenden [99]) — publizistischen Auffassung von den (Partei-) Prozeßhandlungen, d. h. deren Beurteilung allein nach Prozeßrecht, unter Ausschaltung jeder — im Ergebnis nur zu Zwiespältigkeiten führenden — privatrechtlichen Betrachtungsweise.

---

[95]) Siehe oben, Text nach Anm. 92.

[96]) Vgl. oben, Text nach Anm. 27, die Anm. 28 oder Text nach Anm. 32.

[97]) Streitfragen, S. 119 ff.; siehe aber auch HdR. VII, S. 368.

[98]) Das ist mir freilich schon früher zur Kenntnis gekommen, da ich bald nach Petscheks Tod Gelegenheit hatte, das nachgelassene Manuskript wenigstens stichprobenweise zu überblättern; vgl. Novak, Der eheverfahrensrechtliche Untersuchungsgrundsatz in der neueren Judikatur, ÖJZ. 1951, S. 83, Anm. 7.

[99]) Siehe Pollak, a. a. O., S. 365.

Worum es hier geht, ist seit Jahrzehnten bekannt, braucht daher nicht mehr von Grund auf erörtert zu werden [100]), wiewohl einerseits gewisse Grenzfragen stets umstritten geblieben, anderseits auch immer wieder neue Einbruchsversuche feststellbar sind, nicht zuletzt auf dem Gebiet der sog. Prozeßverträge [101]).

---

[100]) Vgl. die zahlreichen Hinweise bei Novak, Treu und Glauben im Zivilprozeß, ÖJZ. 1949, S. 338 ff., ferner denselben, a. a. O. (Anm. 36), insbesondere S. 67.

[101]) Siehe beispielsweise Baumgärtel, Wesen und Begriff der Prozeßhandlung einer Partei im Zivilprozeß (1957), insbesondere S. 185, der in diesem Zusammenhang zunächst seine Grundauffassung wiederholt, daß zwischen Prozeßrecht und Privatrecht nicht zu streng getrennt werden dürfe; es bestehe daher die Möglichkeit, daß das Prozeßrecht in der Frage der Voraussetzungen auf das Privatrecht zurückgreife; deshalb sei es notwendig, bei jedem einzelnen Vertrag zu prüfen, ob die privatrechtlichen oder die prozeßrechtlichen Grundsätze seiner Aufgabe am besten gerecht werden. Anders Rosenberg, a. a. O., S. 272 f.: „Dagegen sind alle Verträge mit prozeßrechtlicher Wirkung (sog. Prozeßverträge), wie z. B. der Prorogationsvertrag ... der Schiedsvertrag ..., Prozeßhandlungen ... Soweit die genannten oder andere Rechtsgeschäfte des bürgerlichen oder öffentlichen Rechts prozessuale Folgen haben oder erstreben, bestimmen sich diese und damit auch die Frage der Zulässigkeit solcher Geschäfte nach Prozeßrecht ...“ Wenn es bei Rosenberg vorher (a. a. O., S. 146) heißt, die Prorogation sei keine Prozeßhandlung, liegt darin gewiß ein eklatanter, aber leicht erklärbarer Widerspruch. Rosenberg hat nämlich in der 8. Auflage seines Lehrbuchs (1960) noch ganz allgemein die Meinung vertreten, daß prozeßrechtliche Verträge, wie eben auch der Prorogationsvertrag, den Prozeßhandlungen nicht zuzuzählen seien (hier ebenfalls S. 272 f.), und ist im Einklang damit bei der besonderen Behandlung der Prorogation zur gleichen Aussage gelangt (hier ebenfalls S. 146). Mithin ist es nur so, daß Rosenberg in der 9. Auflage seines Werks die grundlegend vollzogene Wendung vorwiegend an der zentralen Kernstelle (S. 272 f.) nachdrücklich unterstrichen, dabei aber übersehen hat, seine früheren Ausführungen auf S. 146 ebenfalls zu ändern; ein rein redaktionelles Mißgeschick, das insbesondere dann fast unausweichlich ist, wenn die Auflagen so kurzfristig aufeinanderfolgen und der Autor unter Zeitdruck steht (zwischen dem Erscheinen der 8. und der 9. Auflage lag nur ein Jahr). Übrigens ist Rosenberg etwa bei der Erörterung des Schiedsvertrags kein gleichartiges Versehen unterlaufen: In der 8. Auflage wurde der Schiedsvertrag noch als Vertrag eigener Art

Den Kernpunkt der uns hier von Petschek vermittelten Ansicht erblicke ich in vier kurzen Sätzen, die einer erschöpfenden Einteilung der Parteihandlungen — in a) Sach- oder Prozeßanträge, b) Tatsachenbehauptungen und c) Erklärungen — unmittelbar nachfolgen: „Die Charakterisierung gewisser Parteihandlungen als prozessualer Rechtsgeschäfte, nämlich derjenigen Willenerklärungen, die das Gesetz mit bestimmten Rechtswirkungen ausstattet, z. B. aller Anträge, weil sie die Entscheidungspflicht des Gerichts begründen, ist wertlos. Diese Wirkung erklärt sich aus der Natur des Prozeßverhältnisses. Wohl ist aber zu beachten, daß Voraussetzungen und Wirkungen der Parteihandlungen ausschließlich dem Prozeßrecht unterstehen, daher die Grundsätze über Irrtum u. dgl. nicht zur Anwendung kommen. Es gilt also die Erklärung als solche ohne Rücksicht auf den Willen“ (S. 221 f.).

Von dieser zutreffenden Auffassung ausgehend, scheidet Petschek etwa die nur Beweiszwecken dienende Parteiaussage (§§ 371 ff. ZPO.) aus dem Kreis der (durch eine Willensbetätigung charakterisierten) Prozeßhandlungen aus (S. 178) [102]), wie er umgekehrt das Sich-Erbieten des Klägers zur Annahme einer von ihm arbiträr festgesetzten Abfindungssumme nicht als zivilrechtliche Offerte, sondern nur als Prozeßhandlung qualifiziert (S. 101) [103]).

---

gewertet, der nicht dem Prozeßrecht unterliegt (S. 850); in der 9. Auflage wird er jedoch bereits als ein dem Prozeßrecht zu unterstellender Prozeßvertrag bezeichnet (gleichfalls S. 850; hier also völlig übereinstimmend mit S. 272 f.).

102) Diese Erkenntnis zeitigt weitreichende, auch schon von der Rechtsprechung verwertete Konsequenzen: Keine Partei, die ihrer Behauptungslast nicht oder nur unvollkommen genügt hat, kann die Mangelhaftigkeit ihres Parteivorbringens mit dem Hinweis auf erzielte (oder gar erst erzielbare) Beweisergebnisse ersetzen; vgl. etwa die E. des OGH. vom 12. 10. 1960, JBl. 1961, S. 123 f., oder die E. des OGH. vom 18. 12. 1957, JBl. 1958, S. 311 f., die speziell auch in der Parteienvernehmung keinen tauglichen Ersatz für das Fehlen eines ausreichenden Sachverhaltsvortrags erblickt hat.

103) Damit berichtigt er Pollak, a. a. O., S. 391, der diesen Vorgang wohl als Prozeßhandlung, gleichzeitig aber auch als privatrechtlich bindende Einräumung einer facultas alternativa wertet, und dann, sich selbst widersprechend, fortfährt, daß die Erklärung des Klägers unabänderlich sei und ihn auch ohne Annahmeerklärung des Beklagten binde. (Wie sollte sich das

Ferner definiert Petschek die Prorogation wie folgt: „Sie ist die außerprozessuale, allenfalls im Zug des Prozesses abgeschlossene Vereinbarung, aber nicht zivilrechtlicher Vertrag, daher kommen auf die Erklärung beider Parteien nicht die Grundsätze des bürgerlichen Rechts über Offerte und Annahme zur Anwendung, insbesondere nicht die Grundsätze der Offertenbindung (862 ABGB.); Kompetenztatbestand sind die zeitlich koexistierenden Willenserklärungen beider Teile“ [66]) (S. 127). Gerade mit diesem Schlußsatz charakterisiert Petschek die wahre Sachlage. Es handelt sich gar nicht um einen Vertrag oder um eine Vereinbarung, Begriffe, die nach herkömmlicher Auffassung zum materiellen Recht tendieren, sondern um die zeitliche Koexistenz zweier prozeßrechtlicher Willenserklärungen, die auch dann dem Prozeßrecht unterstellt werden müssen, wenn sie „außerprozessual“ abgegeben wurden [104]).

Wenn sich Petschek bei der Erörterung einer rechtsähnlichen Erscheinung, nämlich des Schiedsvertrags, eher zwielichtig zeigt, ja sogar den Ausdruck „privatrechtliche Disposition“ [105]) einfließen läßt (S. 241), führe ich das in erster Linie darauf zurück, daß er dieses Rechtsgesche-

---

auch nur mit § 862 ABGB. vereinbaren lassen?) Nicht minder entzieht Petschek den beiden — von Michlmayr ablehnend besprochenen — Entscheidungen des OGH. vom 1. 6. 1955 und 26. 10. 1955, gemeinsam veröffentlicht in den JBl. 1956, S. 291 ff., den Boden.

[104]) In diesem Sinn auch Sperl, a. a. O., S. 140 f. Über die Änderung der Auffassung Rosenbergs, der nunmehr mit Petschek konform geht, wurde bereits berichtet (oben, Anm. 101). Im Gegensatz dazu erblickt Baumgärtel, a. a. O., S. 219, in der Zuständigkeitsvereinbarung einen „echten Vertrag“, und meint, daß für die Ausgestaltung des Tatbestands die Regelung des bürgerlichen Rechts am zweckmäßigsten sei (ebenda, S. 226), spricht diesem Vertrag jedoch nicht seine „prozeßrechtliche Natur“ ab (ebenda, S. 230). Aber auch Pollak, a. a. O., S. 298, qualifiziert die Prorogation als privatrechtlichen Vertrag, der „als solcher“ (?) neben den für ihn erlassenen Vorschriften des Prozeßrechts den Normen des Privatrechts untersteht.

[105]) Pollak, a. a. O., S. 775, spricht hier ebenfalls von einem „privatrechtlichen Vertrag“, um jedoch alsbald hinzuzufügen, er äußere aber seine Wirkung nur auf dem Gebiet des Prozeßrechts.

hen in die Lehre vom Rechtsschutzanspruch einzuordnen bestrebt war, um dann den Abschluß eines Schiedsvertrags dem Begriff „Hemmung der Rechtsschutzzulässigkeit" unterzuordnen, einer Erscheinung, der nicht mit Prozeß-, sondern mit Sachabweisung Genüge zu leisten sei (S. 240 f.). Er versucht jedoch keine Erklärung dafür zu geben, warum sich denn der § 1391 ABGB. darauf beschränkt, auf das Prozeßrecht zu verweisen, und warum die staatliche Gerichtsbarkeit nicht etwa erst mit einer allfälligen Aufhebung des Schiedsspruchs befaßt wird (§§ 595 ff. ZPO.), sondern schon bei der Konstituierung des Schiedsgerichts oder bei der Außerkraftsetzung des Schiedsvertrags mitwirken kann, und dies in einem besonderen Verfahren (§§ 582 ff. ZPO.) [106]).

Petschek schreitet aber dann eindeutig über sich selbst hinweg, wenn er sich bei dem bis heute vielleicht umstrittensten Grenzgebiet, dem Prozeßvergleich, zu einer strikt publizistischen Auffassung bekennt: „Der Prozeßvergleich ist nicht mit dem zivilrechtlichen Vergleich zu identifizieren. Vielmehr stellt der erste eine gegenüber diesem selbständige Rechtserscheinung dar und ist daher auch nicht an die zivilrechtlichen Voraussetzungen des Vergleichs gebunden, unterliegt auch nicht den zivilrechtlichen Gründen der Anfechtung eines Vergleichs. Denn er ist prozeßbeendigende (bzw. mindestens einen Teil des Prozeßstoffs erledigende) zweiseitige Prozeßhandlung, über deren Zulässigkeit ausschließlich im Verfahren entschieden wird" (S. 290 f.) [107]).

---

106) Richtig beurteilt Sperl das Wesen des Schiedsvertrags [a. a. O., S. 241, 780 ff.; besonders weit ausholend und die historischen Hintergründe aufhellend noch in seinem Beitrag „Die Anfechtung von Schiedssprüchen (§ 595 ZPO.)" in der Festschrift zur Fünfzigjahrfeier der österreichischen Zivilprozeßordnung (1948) — künftig zitiert: „Festschrift ZPO." —, S. 284 ff.], ebenso Rosenberg (siehe oben, Anm. 101); vgl. aber auch Baumbach-Schwab, Schiedsgerichtsbarkeit, systematischer Kommentar[2] (1960), S. 54 f.

107) Rosenberg, den wir schon mehrfach als entschiedenen Vertreter der publizistischen Auffassung kennengelernt haben (siehe oben, Anm. 101), scheut vor dieser letzten Konsequenz zurück; er bezeichnet den Prozeßvergleich als einen privatrechtlichen Vergleich zur Beseitigung eines anhängigen Rechtsstreits; er sei keine Prozeßhandlung, sondern privatrechtlicher Vertrag (a. a. O., S. 622 f.). Baumgärtel gibt — wie immer —

Petschek ist zu dieser Determination — an der er, wie noch zu zeigen sein wird, konsequent festhält — gewis-

---

eine gut belegte Übersicht über den Meinungsstreit, erörtert die Probleme eingehend und kommt zu dem Ergebnis, daß sich der Prozeßvergleich sowohl hinsichtlich der Regelung der Voraussetzungen als auch der der Wirkungen ganz von dem mit ihm verbundenen materiellrechtlichen Vergleich loslösen läßt; er gedenkt der Möglichkeit, daß Prozeßvergleich und materiellrechtlicher Vergleich rechtlich selbständige Teile eines einheitlichen Tatbestands bilden, legt aber auch dann dem Prozeßvergleich „rein prozessuale Natur“ bei (a. a. O., insbesondere S. 192 f., 203). Bonin, Der Prozeßvergleich unter besonderer Berücksichtigung seiner personellen Erstreckung (1957), S. 1 ff., 4, berichtet ebenfalls zunächst über den Meinungsstreit, hält es aber aus methodischen Gründen nicht für gerechtfertigt, die Rechtsnatur des Prozeßvergleichs vorweg eindeutig zu bestimmen. Pollak betont hingegen, daß eine scharfe Grenzziehung zwischen gerichtlichen und anderen Vergleichen nötig sei, um zu erkunden, ob die jeweils sehr verschiedenartigen Normen der §§ 1380 ff. ABGB. oder der §§ 204 ff. ZPO. zur Anwendung gelangen, und unterstreicht die prozeßrechtliche Natur des gerichtlichen Vergleichs (a. a. O., S. 414, auch 368). Am weitesten geht Sperl, der den gerichtlichen Vergleich nicht nur eindeutig zu den reinen Prozeßhandlungen zählt, sondern ihm neben der Vollstreckbarkeit ausdrücklich auch Rechtskraftwirkung zuerkennt (a. a. O., S. 240 f., 479 ff., insbesondere S. 484), während sich Pollak diesbezüglich vorsichtiger ausdrückt, nur von einer sinngemäßen Anwendung des § 411 (2) ZPO. spricht und einer, wenn auch im Ergebnis gleichwertigen, so doch selbständigen „Prozeßeinrede des gerichtlichen Vergleichs“ gedenkt (a. a. O., S. 419). Vielleicht hat Pollaks behutsamere Stellungnahme auch die Fehlentscheidung des OGH. vom 8. 9. 1948, SZ. XXI/124, mitveranlaßt, wiewohl sich ihre Begründung in einer unbelegt gebliebenen Behauptung erschöpft. — Von einer anderen Warte aus gesehen, erscheint mir in diesem Zusammenhang auch der Umstand bedeutsam, daß Sperl, a. a. O., S. 484, seine eindeutige Stellungnahme (Rechtskraftwirkung des Vergleichs) schon vor mehr als dreißig Jahren hilfsweise mit der „rationellen“ Erwägung gestützt hat, jeder weiteren Prozeßführung fehle das Rechtsschutzbedürfnis (im heute verstandenen Sinn). Daran hat Schima angeknüpft (Die österreichische Zivilprozeßordnung im Lichte neuerer Prozeßtheorie, Festschrift ZPO., S. 273). Vgl. aber auch Novak, a. a. O. (Anm. 15), S. 27; dort habe ich erkennen lassen, daß die Grenzen zwischen einer bloß sinngemäßen Handhabung der §§ 240 (3) und 411 (2) ZPO. und einer dasselbe Ziel verfolgenden Bedachtnahme auf das Rechtsschutzbedürfnis irgendwo ineinanderfließen.

sermaßen schrittweise vorgedrungen. Hat er doch seinerzeit, wiewohl immer der publizistischen Auffassung deutlich zugeneigt, die Meinung vertreten, daß der Prozeßvergleich zwar Prozeßhandlung ist, allenfalls aber doch in irgendeiner Form von einem privatrechtlichen Vergleich begleitet wird, und daß dem Prozeßvergleich nur Vollstreckbarkeit, niemals aber Rechtskraftwirkung zukomme [108]).

Anläßlich seiner eingehenden Stellungnahme zu den (damaligen) tschechoslowakischen Zivilprozeßgesetz-Entwürfen ist er hingegen schon weiter gegangen. Da hat er nämlich nach einer kritischen Beleuchtung der in Betracht kommenden Entwurfstellen, die u. a. eine Anfechtung des Prozeßvergleichs mit Nichtigkeits- und Wiederaufnahmsklage ins Auge faßten, vorgeschlagen, den Prozeßvergleich schlechtweg zum „Urteilssurrogat" zu erheben und in die passende Stelle des Entwurfs einfach den Satz einzubauen: „Der Vergleich hat die Wirkungen eines rechtskräftigen Urteiles" [109]).

In einer seiner letzten Entscheidungsbesprechungen hat Petschek ebendieses, von ihm bis dahin nur geforderte Resultat, wenn auch mit gewissen Einschränkungen, aber mit guten Gründen, bereits als der österreichischen lex lata entsprechend qualifiziert: „Nach dem allen muß man davon ablassen, im gerichtl. Vergl. ausschließlich oder zum Teil ein notwendiges privatrechtl. und als solches stets durchschlagendes (vgl. Petschek, JVJSchr. 30, 39 N. 114) Element zu finden, und bleibt nur übrig, ihn mit Sperl, aaO. und Pollak, System[2] 413 f. als Prozeßhandl. (hinter der sich bei ihrer Ungültigkeit ein PrivatRGeschäft verbergen mag) anzusprechen ... Damit aber ist die Anwendung der bürgerl.-rechtl. Grundsätze über die Ahndung von Willensmängeln verpönt" [110]).

108) Streitfragen, S. 73 ff. (überarbeitete Wiedergabe der Besprechung der E. des OGH. vom 13. 10. 1931, ZBl. 1931, Nr. 333); HdR. VII, S. 363.

109) Die Entwürfe von Zivilprozeßgesetzen für die Tschechoslowakei, Prager Jur. Zschr. 1932 — ich zitiere hier den die Artikelserie Petscheks zusammenfassenden Sonderabdruck —, S. 28 ff., insbesondere S. 30.

110) ZBl. 1937, S. 765 f., hier S. 766; von einem ausdrücklichen Hinweis auf die materielle Rechtskraft auch eines Prozeßvergleichs ist Petschek damals noch abgestanden.

Den letzten Schritt hat Petschek in seinem nachgelassenen Werk getan. Nach einer komprimierten Wiedergabe überzeugender Erwägungen, die auch das internationale Prozeßrecht berücksichtigen, heißt es: „Da der Vergleich Prozeßhandlung ist, so ist Erfordernis seiner Zulässigkeit die Gültigkeit des Prozeßverhältnisses; ... Ausnahmsweise verzichtet das Gesetz auf das Erfordernis, daß der Vergleich innerhalb eines Prozeßverhältnisses abgeschlossen werde; nach 433 kann vor der Klageüberreichung die Ladung des Gegners zum Zweck der Verhandlung über den Streitgegenstand und der Anbahnung des sogenannten Sühnevergleichs auf Antrag jedes Teils vorgenommen werden; ... Das Gesetz (1 Z. 5 EO.) spricht lediglich von der Vollstreckbarkeit des Vergleichs in Verurteilungsprozessen. Daraus muß auch (arg. 35 EO., ferner ‚Anerkennung des Rechtsverhältnisses' 205) geschlossen werden, daß der prozeßbeendigende Vergleich (also nicht jener über einzelne Streitpunkte) materielle Rechtskraft nach Maßgabe der zur Zeit seiner Abschließung gegebenen Sachlage zur Folge hat, also wohl auch in jedem künftigen Prozeß den Prozeßmangel der rechtskräftig entschiedenen Sache begründet ... Danach ist aber wohl auch eine Nichtigkeitsklage gegen den Prozeßvergleich statthaft, obgleich 529 von ‚Entscheidung' spricht ... Ausgeschlossen wäre jedoch eine Wiederaufnahmsklage (‚Urteil' 530) und die Klage auf Unwirksamkeitserklärung des Vergleichs wegen des Mangels einer Gültigkeitsvoraussetzung. Vielmehr ist eine Anfechtung regelmäßig ... nach Aufnahme des Prozeßvergleichs präkludiert ... Die Wirkungen des Prozeßvergleichs sind auch den vor Strafgerichten über privatrechtliche Ansprüche abgeschlossenen Vergleichen beigelegt (1 Z. 5 EO.), weiters den Vergleichen vor Gemeindevermittlungsämtern (G. 21. 9. 1869, RGBl. 150), den Vergleichen vor dem Vorstand der Ingenieurkammer in Ausübung ihrer friedensrichterlichen Tätigkeit (16 G. 2. 1. 1913 RGBl. 3), den Vergleichen vor der Notariatskammer über Gebührenansprüche des Notars (134 (2) Z. 9 NotO.) u. ä." (S. 291 ff.) [111]).

[111]) Die in den hier (auszugsweise) wiedergegebenen Text von Stagel gelegentlich eingefügten Hinweise auf eine abweichende Rechtsprechung (etwa „Entscheidungen in MGA. 12. Aufl. Nr. 14 zu 204" oder „SZ. XXII 52 u. a.") mögen für den Praktiker von Bedeutung sein, sie stören aber den Zusammenhang und wurden daher von mir bewußt vernachlässigt. Übrigens

Die von Petschek den hier zitierten Sätzen vorangestellten, tiefschürfenden Überlegungen in sich aufzu-

---

zeichnet sich die gegenteilige Rechtsprechung dadurch aus, daß sie an der Fortentwicklung der Theorie keinen Anteil nimmt, im Prozeßvergleich noch immer eine Vereinigung von zivilrechtlichem Vertrag mit Prozeßhandlung erblickt und sich dabei bis in die jüngste Zeit auch auf jene Vorentscheidung vom 5. 5. 1937, ZBl. 1937, Nr. 454, beruft, die von Petschek ablehnend besprochen wurde (vgl. oben, Anm. 110), ohne auf Petscheks damalige Kritik irgendwie Bedacht zu nehmen; vgl. aus letzter Zeit etwa die Entscheidungen des OGH. vom 26. 10. 1960, JBl. 1961, S. 365 f., oder vom 20. 9. 1961, JBl. 1962, S. 322 f.; bei der Publikation der ersten dieser beiden Entscheidungen habe ich als damaliger Herausgeber der JBl. noch ausdrücklich vermerkt, daß die von ihr bezogene Vorentscheidung, ZBl. 1937, Nr. 454, von Petschek einer eingehenden Kritik unterzogen worden ist (JBl. 1961, S. 366, Anm. 1), bei der zweiten habe ich einen solchen Hinweis bereits unterlassen, da er mir als erwiesenermaßen zwecklos vorkam. — Leider ist aber auch die bezügliche, von Neuwirth bearbeitete Partie im Fasching-Kommentar, II. Bd., S. 962 ff., theoretisch restlos überholt. Neuwirth hebt nämlich gleich eingangs den angeblich „doppelten Charakter" des gerichtlichen Vergleichs hervor und beruft sich dabei auf Petscheks Besprechung der E. des OGH. vom 13. 10. 1931, ZBl. 1931, Nr. 333, die in die Streitfragen aufgenommen (hiezu oben, Text vor Anm. 108 sowie diese Anm.), dann aber von Petschek selbst korrigiert worden ist. Bezeichnend für Neuwirths Einstellung zu dem Problem ist nicht zuletzt auch der Umstand, daß er sich in einem ZPO.-Kommentar dazu veranlaßt gesehen hat, „zunächst (Sperrung von mir!) einen Blick auf den Vergleich des bürgerlichen Rechtes zu werfen" (a. a. O., S. 963 ff.). Wie ganz anders das gereifte Anliegen Petscheks in seinem nachgelassenen Werk, der im Kapitel „Die Entscheidungssurrogate", trotz der vom Gesetzgeber expressis verbis nur dem Schiedsspruch widerfahrenen Begünstigung (§ 594 ZPO.: Wirkung eines rechtskräftigen gerichtlichen Urteils), in erster Linie den Prozeßvergleich (S. 290 ff.) und erst in zweiter Linie den Schiedsspruch privater Schiedsrichter behandelt (S. 293 ff.)! Vgl. auch Novak, a. a. O. (Anm. 15), S. 27; dort habe ich zur Prozeßvoraussetzung des Nichtvorliegens eines Prozeßvergleichs gesagt: „Käme er (der österreichische Jurist) doch andernfalls in die etwas schiefe Situation, dem Spruch eines privaten Schiedsgerichts nur im Hinblick auf den Wortlaut der §§ 594 (1), 240 (3), 411 (2) ÖZPO. letzten Endes mehr Beachtung schenken zu müssen, als einem unter Mitwirkung des staatlichen Gerichts abgeschlossenen Prozeßvergleich."

nehmen, muß ich dem Leser überlassen. Den Ergebnissen selbst habe ich aber grundsätzlich nichts hinzuzufügen, es sei denn, daß ich gern noch einen kleinen Schritt weitergehen und auch die Wiederaufnahmsklage gegen Prozeßvergleiche zulassen möchte. Es ist zwar nicht nur Petschek (S. 293), sondern auch Sperl[112]) — beide liegen jetzt auf derselben Linie! — davor zurückgescheut, das Wort „Urteil" im § 530 ZPO. extensiv zu interpretieren und es Prozeßvergleiche miterfassen zu lassen. Ich halte es aber gerade wegen Petscheks Ausführungen nicht mehr für angebracht, diese Zurückhaltung weiterzuüben. Denn, ist der Prozeßvergleich bereits als „Urteilssurrogat" erkannt, so „ersetzt" er das Urteil; er tritt an die Stelle des Urteils und verdient auch dessen Behandlung[113]). Dazu kommt, daß Petschek selbst die Wiederaufnahmsklage gegen „Zahlungsaufträge" im Urkundenprozeß — wiewohl sie ebensowenig den Namen „Urteil" tragen — mit der einsichtigen Begründung zuläßt, daß der § 530 ZPO. zwar nur von „Urteilen" spricht, aber an ein „mit Urteilswirkungen schließendes Verfahren" denkt (S. 415 f.)[114]). Nicht zuletzt sind noch rein praktische Bedürfnisse in Betracht zu ziehen: Die Nichtigkeitsklagegründe halten sich in engen Grenzen und erfassen nur Tatbestände, die Parteien, denen an einer Prozeßvergleichs-Anfechtung gelegen ist, in aller Regel nur wenig interessieren. Mit einer zusätzlichen Gewährung der Wiederaufnahmsklage hätten die Parteien weitaus mehr Anfechtungsspielraum, kurz, sie wären in der Lage, den Prozeßvergleich auch wegen gravie-

---

[112]) A. a. O., S. 482 f.; ferner S. 705 f. und 713.

[113]) Beim zweiten Urteilssurrogat, dem Schiedsspruch, bedarf es einer solchen Schlußfolgerung gar nicht mehr, weil der Gesetzgeber hier selbst vorgesorgt hat (§ 595, Z. 8, ZPO.).

[114]) Das kommt auch in Petscheks Entscheidungsbesprechung (oben, Anm. 110) zum Ausdruck, da er dort die Eintragung einer im Konkurs anerkannten Forderung in das Anmeldungsverzeichnis zwar nicht nach den §§ 870 ff. ABGB., wohl aber mit Wiederaufnahmsklage für anfechtbar erklärt. Wenn sich Petschek in seinem nachgelassenen Werk bei der Erörterung des Verfahrens in Besitzstörungssachen wieder an den Wortlaut des § 530 ZPO. anlehnt und gegen Endbeschlüsse nur die Nichtigkeitsklage, nicht jedoch die Wiederaufnahmsklage zuläßt (S. 358), ist das vor allem rechtspolitisch begründet: Der Gesetzgeber wollte das inhaltlich beschränkte „possessorium" von vornherein nicht in den Himmel wachsen lassen.

render, jedoch nicht formeller Gründe zu bekämpfen. Die Parteien könnten sich gegen den Prozeßvergleich so wehren wie gegen ein Urteil, und das würde auch der Rechtsprechung über die Hürde helfen, die sich dann wohl sagen müßte: Die Parteien brauchen gewiß taugliche Rechtsbehelfe auch gegen einen Prozeßvergleich, keinesfalls aber umfassendere als gegen ein Urteil, an dem sie viel weniger selbsttätig mitgewirkt haben. Zeigt man daher der Rechtsprechung einen gangbaren Weg, Prozeßvergleiche mit beiden Rechtsmittelklagen anfechten zu lassen, so wird sie ihn, wie ich hoffe, gern beschreiten und den bisher zugelassenen, erfahrungsgemäß oft mutwilligen, jedenfalls aber systemwidrigen „Anhangs-Prozessen" von sich aus Einhalt gebieten.

V.

Weit davon entfernt, zu glauben, daß ich bisher auch nur annähernd Ausreichendes geboten hätte, habe ich doch das Gefühl, die Geduld der Leserschaft schon jetzt stark angespannt zu haben. Trotzdem muß ich um weitere Nachsicht bitten; denn, bliebe es mir verwehrt, die eine oder andere Frage wenigstens noch anzudeuten, so könnte ich die mir gesetzte Aufgabe nicht erfüllen, das bedeutsame Werk Petscheks aufzuschlüsseln und es seinen Benützern näherzubringen.

1. In manchen Belangen vermag ich Petscheks — oft nur sehr knapp zum Ausdruck gebrachten — Auffassungen nicht zu teilen.

a) So meint er etwa, daß eine Revision in Bagatellsachen stets unzulässig sei, was der § 502 (2), 1. Fall, ZPO. gar nicht erst hätte anzuordnen brauchen, da das Berufungsgericht hier ohnehin lediglich über Nichtigkeitsgründe (§ 501 ZPO.), daher nur mit Beschluß entscheiden könne (S. 360) [115]). Das steht aber im Widerspruch zu der — meiner Erfahrung nach allerdings nie praktisch gewordenen — Vorschrift des § 478 (4) ZPO., die, in engsten Grenzen, eine Urteilsfällung zweiter Instanz auch dann in Erwägung zieht, wenn das Berufungsgericht das Ersturteil wegen Vorliegens eines Nichtigkeitsgrunds aufgehoben und die Sache an die Unterinstanz verwiesen hat, von seinem Verweisungsbeschluß auf Antrag der Parteien je-

[115]) So schon Streitfragen, S. 114 f.; vgl. aber auch Pollak, a. a. O., S. 565 f., oder Sperl, a. a. O., S. 654.

doch wieder abgeht, um nunmehr selbst in der Sache zu erkennen [116]). Übrigens berichtigt Petschek sein Versehen an einer späteren Stelle (S. 377).

b) Auch der Petschek unterlaufene Widerspruch bei der Relation zwischen dem Geltendmachen eines Entschädigungsanspruchs nach § 408 ZPO. und dem Neuerungsverbot nach § 482 (1) ZPO. fällt nicht weiter ins Gewicht. Läßt Petschek nämlich vorerst die Meinung aufkommen, daß dieser Entschädigungsanspruch auch noch in der Rechtsmittelinstanz geltend gemacht werden könne (S. 269) [117]), so tritt er ihr später ausdrücklich entgegen (S. 363). Und dies mit Recht: Wohl erleichtert das Gesetz im § 408 (1) ZPO. die Form des Geltendmachens des Entschädigungsanspruchs (einfacher Antrag statt Klage), es verlangt jedoch auch die Verhandlung über diesen Anspruch [§ 408 (2) ZPO.]. Nun hat sich aber unser Rechtsmittelverfahren, u. zw. auch das Berufungsverfahren (§ 492 ZPO.), bereits weitgehend vom Mündlichkeitsgrundsatz distanziert. Ließe man daher die hier abgelehnte Auffassung zu, so müßte man einem Berufungsgericht, das im konkreten Fall nicht zu verhandeln brauchte, oder gar dem Revisionsgericht, das seit Jahrzehnten praktisch überhaupt nicht verhandelt, nur wegen eines erst in der Rechtsmittelinstanz gestellten Antrags nach § 408 ZPO. eine mündliche Verhandlung aufnötigen. Schon diese Überlegung stellt sich wohl jedem Versuch entgegen, den § 482 (1) ZPO. extensiv zu interpretieren und Entschädigungsansprüche nach § 408 ZPO. den vom Neuerungsverbot ausgenommenen Rechtsmittelverfahrens-Kostenersatzansprüchen gleichzustellen, Ansprüchen, die in der Tat ohne jede Beschwernis, und vor allem auch ohne Verhandlung, mit einer Rechenoperation bewältigt werden können. Auf der anderen Seite verliert der allenfalls Berechtigte nur eine Formerleichterung, nicht aber den Anspruch selbst, den er, sobald das Verfahren erster Instanz einmal abgeschlossen ist, eben jedenfalls mit besonderer Klage geltend machen muß [118]).

---

116) Siehe Wolff, a. a. O., S. 356, 362

117) Diese Meinung vertreten tatsächlich Pollak, a. a. O., S. 386, 583, 589, oder Wolff, a. a. O., S. 349.

118) Vgl. z. B. auch die E. des OGH. vom 10. 7. 1957, JBl. 1957, S. 566, die eine Antragstellung nach § 408 ZPO. nur in erster Instanz zuläßt.

Einschneidender sind andere, zum Widerspruch herausfordernde Meinungsäußerungen Petscheks.

c) Hinsichtlich der Beweiskraft des Verhandlungsprotokolls unterscheidet Petschek wie folgt: Bezüglich der Beobachtung der Förmlichkeiten sei das Protokoll einziges Beweismittel [§ 215 (2) ZPO.]; bezüglich seines materiellen Inhalts sei es jedoch, unwidersprochen geblieben, öffentliche Urkunde im Sinn des § 292 ZPO., daher einem Gegenbeweis ausgesetzt. Sodann fährt er fort: „In materieller Beziehung (Verhandlungsinhalt) schafft aber auch das Protokoll den Beweis des Negativums, d. h. daß ein bestimmtes Tatsachen- oder Beweisvorbringen nicht vorgekommen ist. Nur wird dieser Beweis durch die Bezeichnung eines solchen Vorbringens im Urteil zerstört [482 (2)]" (S. 341 f.) [119]). Dagegen läßt sich viel einwenden. Schon von Petscheks Sicht aus betrachtet, finde ich keinen Anhaltspunkt dafür, daß der § 215 (1) ZPO., der beide Richtungen der Beweiskraft des Protokolls festlegt, sowohl die positive als auch die negative, in solcher Weise aufgespaltet werden könnte. Ganz abgesehen davon, bleibt noch anderes unerklärlich: Warum hat das Gesetz die Beweiskraft des Verhandlungsprotokolls, an dessen Charakter als öffentlicher Urkunde es keinen Zweifel hegt, im § 215 ZPO. gesondert (und abschließend) geregelt, ohne auf den § 292 ZPO. irgendwie Bezug zu nehmen oder die Möglichkeit eines Gegenbeweises gegen das unwidersprochen gebliebene Protokoll auch nur anzudeuten; warum hat es den Parteien besondere Rechtsbehelfe gegen Protokollierungsfehler eingeräumt (§ 212 ZPO.); warum hat es schließlich die Kognition des Berufungsgerichts eindeutig beschränkt [so schon § 498 (1) ZPO.] und nur einen rechtzeitig erhobenen Widerspruch gegen das Protokoll — nicht aber das Protokoll selbst! — der berufungsgerichtlichen (freien) Beweiswürdigung unterworfen [§ 498 (2) ZPO.]? Dürfte man ein unwidersprochen gebliebenes und damit endgültig fixiertes Verhandlungs-

[119]) Noch weiter geht Neuwirth, a. a. O. (Anm. 111), S. 1003 f., der alle Grenzen verschwimmen läßt, vielleicht deshalb, um den von ihm zitierten Entscheidungen des OGH. vom 28. 3. 1956, ÖRZ. 1956, S. 140, und vom 8. 5. 1956, EvBl. 1956, Nr. 315, nicht entgegentreten zu müssen. Auch neuere Entscheidungen schlagen (fehlerhaft) in diese Kerbe; vgl. z. B. die E. des OGH. vom 23. 1. 1959, JBl. 1959, S. 239.

protokoll trotzdem später in Zweifel ziehen, so verlöre nicht nur die gesetzliche Einrichtung eines kurzbefristeten Protokoll-Widerspruchs ihren Sinn, es schwebte vielmehr das Rechtsmittelgericht, dem nach der österreichischen ZPO. nur die Überprüfung des Urteils, nicht aber eine Neuprüfung des Sachverhalts unterliegt, faktisch in der Luft! [120]) Übrigens ist es Petschek selbst, der (auch) auf diese Eigenheit des österreichischen Prozeßrechts hinweist, um die vom Gesetz aufgestellte Forderung nach einer „umständlicheren Protokollierung" zu erklären (S. 338), ferner richtig den § 498 ZPO. als eine sehr weittragende „gesetzliche Weisung" erkennt und ihn dahin erläutert, daß das Berufungsgericht alle „beurkundeten", also nicht etwa bloß die im Ersturteil „festgestellten" Ergebnisse der Verhandlung und Beweisführung — soweit sie nicht von einem geltend gemachten Berufungsgrund betroffen oder von den Ergebnissen der Berufungsverhandlung erschüttert worden sind — seiner Entscheidung zugrunde zu legen hat, um abschließend des besonderen Ausnahmefalls eines gegen die Beurkundung erhobenen „Widerspruchs" zu gedenken (S. 382, 384 f.).

d) Zur Frage der Streitanhängigkeit von Ansprüchen, die „erst im Laufe des Prozesses" erhoben werden [§ 232 (2) ZPO.], kann ich mich relativ kurz fassen, wiewohl der Problemkreis groß ist und mich Petscheks Äußerungen in seinem nachgelassenen Werk gerade hier wenig befriedigen, weil sie nicht bloß zu früheren Darlegungen Petscheks in Widerspruch stehen, sondern auch miteinander nicht immer vereinbar sind. Aus gewissen Stellen des nachgelassenen Werks ließe sich nämlich der Schluß ziehen, daß Petschek den § 232 (2) ZPO. überhaupt nur für Klagsänderungen irgendwelcher Art (und eventuell auch noch im Fall des § 439 ZPO.) in Betracht ziehe; denn er verwehrt zunächst dem Zwischenfeststellungsantrag die Wirkung, Streitanhängig-

120) In diesem Sinn eindeutig Sperl, a. a. O., S. 386, wohl aber auch Pollak, S. 465, besonders S. 655 f., der bei Erörterung der von ihm angeführten Fälle der gebundenen Beweiswürdigung zwischen der Beweiskraft des Verhandlungsprotokolls und jener aller anderen öffentlichen Urkunden ausdrücklich unterscheidet und einem Protokollsteil, gegen den kein Widerspruch erhoben worden ist, eine jeden Gegenbeweis abschneidende, bindende Beweiswirkung zuerkennt.

keit herbeizuführen (S. 251), um dann dasselbe bezüglich der Prozeßaufrechnung zu behaupten (S. 273). Nun, beim Zwischenfeststellungsantrag widerruft er diese m. E. irrige Meinung alsbald selbst (S. 272), was jedes weitere Eingehen auf sie überflüssig erscheinen läßt. Bei der Aufrechnungseinrede habe ich aber ein gleichartig dezidiertes Abgehen von der oben wiedergegebenen Ansicht nicht auffinden können [121]). Petschek scheint also auf dieser Auffassung beharren zu wollen; trotzdem erscheint mir deren Begründung nicht überzeugend; nicht etwa nur deshalb, weil sie vielen, von mir schon seinerzeit angestellten Überlegungen [122]) widerstreitet, sondern vor allem des-

---

121) Aus diesem Anlaß sei der Bearbeiter Stagel auf eine ihm unterlaufene Flüchtigkeit im Sachregister aufmerksam gemacht. Unter dem Stichwort „Streitanhängigkeit" weist Stagel besonders darauf hin, daß der Zwischenfeststellungsantrag sie (die Streitanhängigkeit) nicht bewirke, und zitiert die S. 261 (richtig: 251); er vermerkt aber weder, daß Petschek diese Auffassung bereits auf S. 272 revoziert, noch, daß Petschek auf S. 273 der Aufrechnungseinrede die Wirkung der Streitanhängigkeit tatsächlich versagt (siehe S. 506).

122) Novak, Zur prozessualen Aufrechnungseinrede des österreichischen Rechts, JBl. 1951, hier S. 508 ff. (mit zahlreichen Hinweisen auf die Literatur und Judikatur). Der Umstand, daß der OGH. in seiner E. vom 2. 2. 1955 [Spruch Nr. 40 (neu)], SZ. XXVIII/25 = JBl. 1955, S. 201 ff., zu dem Ergebnis gelangt ist, daß die Geltendmachung einer Gegenforderung zur Kompensation Streitanhängigkeit nicht begründe, vermochte wohl Faschings Ansicht [a. a. O. (Anm. 43), Bd. III, S. 94 f.] nachhaltig zu bestimmen, nicht aber auch mich zu überzeugen. Vor allem bewegt sich der OGH., der zunächst andere Meinungen erörtert, in seinen abschließend angestellten und von ihm positiv gewerteten Überlegungen auf alten, schon längst als nicht tragfähig erkannten Plattformen: Die Aufrechnungseinrede könne, sie müsse aber nicht zu einer Entscheidung über den Bestand oder Nichtbestand der Gegenforderung führen; diesbezüglich sei die Aussicht des Beklagten durchaus ungewiß und insbesondere auch von Umständen abhängig, die mit der Frage nach dem Gegenforderungsbestand nichts zu tun haben; über eine streitanhängige Klagsforderung müsse hingegen immer, wenn dies der Kläger wolle, Urteil ergehen. Ferner könne der Beklagte die Aufrechnungseinrede bis zum Schluß der mündlichen Verhandlung erster Instanz zurücknehmen, was dem Kläger versagt sei. Richtig sei schließlich, daß mit einer rechtskräftig festgestellten Gegenforderung aufgerechnet werden könne, ohne

halb, weil Petscheks Meinung hier inkonsequent ist. Richtig geht er davon aus, daß die Kompensationseinrede von allen anderen rechtsverfolgenden Einreden abzusondern und auf die — vom Gesetz wohl mit Nachdruck unterstrichene! — Möglichkeit der Streitanhängigkeit der summa concurrens Bedacht zu nehmen sei. Sodann fährt er fort: „Da aber die Kompensationseinrede nur Geltendmachung eines Rechtsgestaltungsanspruchs ist und es diesem an der Rechtsschutzzulässigkeit mangeln kann (an der Kompensabilität), ohne daß hiedurch die Verurteilung im selbständigen Prozeß gehindert würde, so ist ... die Rechtshängig-

---

daß hier Streitanhängigkeit hinsichtlich des Gegenforderungsbestands in Erwägung zu ziehen wäre. Dem will ich, freilich mich zum Teil wiederholend, nur kurz entgegensetzen: a) Kein Kläger kann ein Sachurteil erzwingen; es hängt vor allem nicht von seinem Willen ab, einer Prozeßabweisung zu entgehen. b) Auch der Kläger kann seine Klage bis zum Schluß der mündlichen Verhandlung erster Instanz zurücknehmen (sei es mit, sei es ohne Verzicht auf den Anspruch), vor allem ist er hierin schrankenlos frei bis zum Beginn der I. Tagsatzung und auch noch in dieser Tagsatzung, wenn der Beklagte nicht erschienen ist [§ 237 (1) ZPO.]; die Streitanhängigkeit des Klagsanspruchs war aber in jedem Fall schon mit der Zustellung der Klage eingetreten [§ 232 (1) ZPO.]! c) Ob man die Prozeßaufrechnung mit einer rechtskräftig festgestellten Gegenforderung zulassen könne, ist eine im Wesen sekundäre Frage, die man nur dann zu bejahen vermag, wenn man zunächst einmal die Streitanhängigkeit der zur Prozeßaufrechnung gestellten Gegenforderung schlechthin verneint. Der Spruch Nr. 40 (neu) läßt es allerdings auch nicht an Zweckmäßigkeitserwägungen fehlen, denen ich zunächst das entgegenzuhalten habe, was ich schon in meinem eingangs zitierten Aufsatz zum Ausdruck gebracht habe, dann aber noch folgendes: Sieht der OGH. vorerst die Rechtssicherheit — von den Unzukömmlichkeiten seiner Ansicht — nicht „so sehr bedroht, daß ihr ohne gesetzliche Grundlage das Rechtsschutzbedürfnis des Beklagten aufgeopfert werden müßte", so rät er abschließend zur Teilurteilsfällung, um einer mißbräuchlichen Aufrechnung mit derselben Gegenforderung in mehreren Rechtsstreitigkeiten zu steuern. Folgt man jedoch der vom OGH. angedeuteten Gegenüberstellung von „Rechtsschutzbedürfnis" und „Mißbrauch", dann müßte man wohl auch eine klare Linie beziehen, die ganz andersartige Reaktion auf das Fehlen eines Rechtsschutzbedürfnisses richtig erkennen und einsehen, daß die dogmatische Einreihung der Prozeßaufrechnung in die Fälle des § 232 (2) ZPO. von solchen Erwägungen ganz und gar unberührt bleibt.

keit der Gegenforderung zu verneinen, ihrer gleichzeitigen Geltendmachung mittels selbständiger Verurteilungsklage oder Feststellungsklage steht nichts im Weg; den Beweis liefert, daß nach 233 (2), JN. 96 die Erhebung der Aufrechnungseinrede eine Widerklage nicht hindert" (S. 273)[123]. An dieser Beweisführung habe ich mehreres auszusetzen: Zunächst überrascht die Schlußfolgerung aus den §§ 233 (2) ZPO. und 96 JN., der wir — genauso — schon an jener Stelle begegnen, an der Petschek dem Zwischenfeststellungsantrag die Wirkung der Streitanhängigkeit abspricht (S. 251), von welcher Meinung er, wie gesagt, bald wieder abgekommen ist (S. 272)[124]. Außerdem vermag die Möglichkeit des Anbringens von Widerklagen — und mehr sieht das Gesetz nicht vor — nichts darüber auszusagen, welche Wirkungen einem vom tatsächlich oder nur angeblich Berechtigten im konkreten Fall vorgezogenen einfacheren Antrag (sei es Zwischenfeststellungsantrag, sei es Prozeßaufrechnung) nach § 232 (2) ZPO. eingeräumt werden müssen. (Oder führt vielleicht ein in erster Instanz nach § 408 ZPO. gestellter Antrag nicht Streitanhängigkeit herbei, wiewohl es dem Antragsteller freisteht, auch hier lieber den Weg einer Klagserhebung

---

[123]) Hier möchte ich doch einfließen lassen, daß Petscheks eben erwähnter Einwand vorweg viel mehr Gewicht hat als der Spruch Nr. 40 (neu), der zwar gelegentlich von einer „Verschiedenheit der Rechtsschutzziele" (der Zahlungsklage einerseits und der Prozeßaufrechnung anderseits) spricht, knapp vorher aber den Satz aufstellt: „Im Falle der Aufrechnungseinrede soll der Klagsanspruch abgewehrt, die Aufrechnung durch das Gericht, sei es festgestellt, sei es vollzogen werden; ..." Mit diesem (bewußten) Offenlassen der Frage, ob die Prozeßaufrechnung im Urteil vollzogen werde oder ob dem römisch-rechtlichen Satz „ipso iure compensatur" weiterhin Gefolgschaft zu leisten sei, beraubt sich der Spruch Nr. 40 (neu) der Möglichkeit, auf dieselbe Stufe gestellt zu werden wie die Überlegung Petscheks, der keinerlei Zweifel daran hegt, daß in der Prozeßaufrechnung nur die „Ausübung eines Rechtsgestaltungsanspruchs des Beklagten (gerichtet auf Aufhebung der Klageforderung im Urteil ex tunc)" zu erblicken sei (S. 259).

[124]) Das Argument aus den §§ 233 (2) ZPO. und 96 JN. hat Petschek schon seinerzeit in die Waagschale geworfen, als er die Streitanhängigkeitswirkung sowohl beim Zwischenfeststellungsantrag als auch bei der Aufrechnungseinrede in Abrede stellen wollte [a. a. O. (Anm. 38), S. 268].

zu beschreiten?)[125]) Doch verwundern noch andere Aussagen Petscheks in diesem Zusammenhang, vor allem aber jene: „Nur ist (beim Zwischenfeststellungsantrag des Beklagten) zu beachten, daß bezüglich der zur Aufrechnung geltend gemachten Gegenforderung, deren Höhe die Klageforderung nicht übersteigt, nie das Bedürfnis, einen besonderen Feststellungsantrag zu stellen, denkbar ist, da hier, falls die ohnehin für den Antrag erforderliche Präjudizialität gegeben ist, ohnehin mit materieller Rechtskraft entschieden wird“ (S. 262)[126]). Nun liegen Zwischenfeststellungsanträge und Zwischenfeststellungswiderklagen auf einer anderen Ebene als die Aufrechnungseinrede, wie Petschek selbst mehrfach hervorhebt; beide streben Feststellung an, nicht Rechtsgestaltung. Warum sollte aber dann die Zwischenfeststellungswiderklage — nach Prozeßaufrechnung mit derselben Gegenforderung — eher möglich sein als ein gleichgerichteter Zwischenfeststellungsantrag (S. 273)? Und schließlich: Wie es der Aufrechnungseinrede an der Rechtsschutzzulässigkeit (an der Kompensabilität) mangeln kann, „ohne daß hiedurch die Verurteilung im selbständigen Prozeß gehindert würde“ (S. 273), so kann es nicht minder beim Zwischenfeststellungsantrag an der Präjudizialität fehlen, was gleichfalls einer selbständigen Klagsführung nicht entgegenstünde, an der Wirkung der Streitanhängigkeit — der Kompensationseinrede wie des Zwischenfeststellungsantrags — aber nichts änderte! Es hängt letzten Endes m. E. doch irgendwie mit der (abzulehnenden) Lehre vom Rechtsschutzanspruch zusammen, daß Petschek zu erzwungenen Differenzierungen gelangt.

e) Schwerste Bedenken habe ich auch gegen die Auffassung Petscheks vom Suspensiveffekt der einzelnen Rechtsmittel, den Petschek an der hiefür maßgeblichen Stelle des nachgelassenen Werks wie folgt umschreibt: „. . . d. h. der Wirkung, daß die angefochtene Entscheidung zufolge der Erhebung des Rechtsmittels während seiner Schwebe ihre volle Wirksamkeit, nämlich Begründung der formellen Rechtskraft und der von ihr abhängigen Entscheidungswirkungen, nicht auszuüben vermag. Daß unter ‚Rechtskraft‘ in 466, 505, 524 nur die von der Vollstreckbarkeit geschiedene Ausführbarkeit verstanden ist,

---

125) Vgl. hiezu oben, Text vor Anm. 118.

126) Ähnlich Petschek, a. a. O. (Anm. 38), S. 266.

ergibt sich mit Rücksicht auf den durch die erste GEN. aufgehobenen Schlußsatz des 505, der der Revision gegen eine bestätigende Berufungsentscheidung die aufschiebende Wirkung versagt hatte, aus 411, der die formelle Rechtskraft stets durch die Erhebung des Rechtsmittels suspendiert. Jene Aufschiebungskraft kommt immer im Umfang der Rechtsmittelanträge der Berufung (466), ebenso der Revision (505) zu, dagegen nur ausnahmsweise (524) dem Rekurs" (S. 362).

Zunächst einmal weiß ich nicht recht, was Petschek unter einer „von der Vollstreckbarkeit geschiedenen Ausführbarkeit" versteht. Offenbar lehnt er sich an die Formulierung im § 524 (1) ZPO. an, der speziell dem Rekurs die Suspensivwirkung — von hier nicht zu behandelnden Ausnahmen abgesehen — mit den Worten aberkennt: „Der Rekurs hat in Bezug auf die Ausführung[66]) des angefochtenen Beschlusses und den Eintritt der Vollstreckbarkeit desselben keine aufschiebende Wirkung." Der Umstand aber, daß das Gesetz bei der Umschreibung des einmal zugebilligten, das andere Mal wieder verwehrten Suspensiveffekts im § 524 (1) ZPO. — anders als in den §§ 466 und 505 (3) ZPO. — neben der Vollstreckbarkeit nicht von „Rechtskraft", sondern an ihrer Statt von einer Beschluß-„Ausführung" spricht, hat einen doppelten Grund: Einerseits hat das Gesetz seit eh und je die materielle Rechtskraft lediglich beim Urteil behandelt (§ 411 ZPO., §§ 427 bis 429 der Regierungsvorlage), nicht aber bei den Beschlüssen[127]). Schon deshalb lag es nahe, im (heutigen) § 524 (1) ZPO. das Wort „Rechtskraft" durch eine allgemeine Wendung zu ersetzen, und da ist der Gesetzgeber eben auf den Ausdruck „Ausführung" verfallen[128]). Anderseits kommt in der Tat nicht allen Beschlüssen materielle Rechtskraft zu, wiewohl ich den Kreis der in diesem Sinn rechtskraftfähigen Beschlüsse gern etwas weiter ziehen möchte als Petschek in seinem nachgelassenen Werk (S. 288). Doch wie immer: Auch Beschlüsse zeitigen — neben einer ihnen allenfalls zukommenden Vollstreckbarkeit — Wirkungen, die freilich so verschiedenartig sind, daß man sie in den heute herausgearbeiteten Begriff der „ma-

[127]) Siehe Materialien zu den neuen österreichischen Civilproceßgesetzen I (1897), S. 158 ff.

[128]) So schon der § 545 (1) der Regierungsvorlage; vgl. ebenda (Anm. 127), S. 173.

teriellen Rechtskraft" nicht ohneweiters einfügen kann. Man denke etwa an die vornehmlich im Exekutionsverfahren geradezu alltäglichen gerichtlichen Aufträge, adressiert an den betreibenden Gläubiger, der ihnen nachkommen muß, um einer Einstellung des von ihm eingeleiteten Verfahrens vorzubeugen [Aufforderung zur Vorlage der Versteigerungsbedingungen nach § 145 (1) EO., Aufforderung zur Namhaftmachung eines Freihandkäufers nach § 280 (2) EO. u. dgl.]; Beschlüsse dieser Art sind einer Vollstrekkung im technischen Sinn nicht zugänglich, trotzdem binden sie die Partei wie das Gericht, das bei Nichtbefolgen seines Auftrags mit Einstellung vorzugehen hat. Man denke ferner an den Inzidenzstreit wegen einer umkämpften Nebenintervention: Bis zur Rechtskraft des dem Zurückweisungsantrag stattgebenden Beschlusses können Prozeßhandlungen des Dritten, der seine Nebenintervention durchzusetzen bestrebt ist, nicht ausgeschlossen werden [§ 18 (3) ZPO.], während eine die Nebenintervention zulassende Entscheidung abgesondert nicht anfechtbar ist [§ 18 (4) ZPO.]. Und dieser vielfältig schillernde Kreis von Beschluß*wirkungen* läßt sich mit dem Begriff der materiellen Rechtskraft allein nicht mehr erfassen; auch darum die vorsichtige Ausdrucksweise im § 524 (1) ZPO. Bei den hier in Betracht zu ziehenden Urteilswirkungen steht es jedoch anders: Von der allenfalls zusätzlichen Vollstreckbarkeit und Tatbestandswirkung abgesehen, lassen sie sich in den Begriff der materiellen Rechtskraft einfügen.

Und sieht man in der *formellen* Rechtskraft die *Eigenschaft* des Urteils, einem Rechtsmittel nicht mehr zugänglich zu sein (so auch S. 285), so bleibt die Frage nach dem Zeitpunkt des Eintritts der *materiellen* Rechtskraft, einer Entscheidungs*wirkung*, noch immer offen. Der § 411 ZPO. sagt bloß, daß formell rechtskräftige Urteile der materiellen Rechtskraft — und hier wäre einzuschieben: jedenfalls — teilhaftig sind, er sagt aber nichts darüber aus, ob die Entscheidungswirkungen nicht etwa schon früher eintreten können. Diese Frage löst das Gesetz an anderer Stelle, u. zw. hinsichtlich der Urteile in den §§ 466 und 505 (3) ZPO., die ihren Sinn verlören, wenn es sozusagen ausgemachte Sache wäre, daß der Eintritt der Wirkungen des Urteils vor dessen formeller Rechtskraft gar nicht zur Debatte stünde. Um jetzt bei den Urteils-Rechtsmitteln zu bleiben, ist deren Suspensiveffekt schon an die Zulässigkeit des Rechtsmittels geknüpft [129]). Über die (objektive) Rechtsmittelzulässigkeit geben aber bereits die §§ 461 und 502 ZPO. Auskunft, mithin wiederum nicht die §§ 466 und 505 (3) ZPO. Dem § 461 ZPO. läßt sich entnehmen, daß jedes Ersturteil der Berufung unterliegt, dem § 502 ZPO., daß Berufungsurteile nur mit gewissen Einschränkungen der Revision ausgesetzt sind. Damit ist auch zum Ausdruck gebracht, daß der Bekämpfung überhaupt zugängliche Urteile erster oder zweiter Instanz grundsätzlich frühestens mit dem fruchtlosen Ablauf der Rechtsmittelfrist als formell rechtskräftig angesehen werden können. (Der Sonder-Erscheinungen des Rechtsmittelverzichts oder der Rechtsmittelzurücknahme braucht in diesem Zusammenhang nicht gedacht zu werden.) Und hier erst setzen die Bestimmungen der §§ 466 und 505 (3) ZPO. ein: Mit der rechtzeitigen Erhebung des (das Urteil zur Gänze bekämpfenden) Rechtsmittels wird nicht etwa nur die formelle Rechtskraft hinausgeschoben — das stand ja schon mit der Rechtsmittelzulässigkeit fest —, sondern es werden auch die Entscheidungs*wirkungen* hinausgezögert [130]). Man kann etwa so formulieren: Der Suspensiveffekt eines Rechtsmittels besteht darin, daß es, wenn ihm überhaupt die Eignung innewohnt, die formelle Rechtskraft der Entscheidung hinauszuzögern, die Kraft hat, auch den Beginn der Entscheidungswirkungen bis zum schließlichen Eintritt der formellen Rechtskraft hinauszuschieben. *Das* besagen die §§ 466 und 505 (3) ZPO., wobei sie noch die näheren Grenzen der Aufschiebung fixieren!

Ein Argument ohne jede Schlagkraft erblicke ich in dem Hinweis *Petscheks* auf die Ausschaltung des letzten Satzes des § 505 (3) ZPO. durch den Art. VI, Z. 31, der ersten GEN. vom 1. 6. 1914, RGBl. Nr. 118. Der so entfallene Satz hatte folgenden Wortlaut: „Der Revision gegen ein bestätigendes Urtheil der zweiten Instanz kommt eine hemmende Wirkung nicht zu.“ Die Novelle hat also den ursprünglichen § 505 (3) ZPO. nur dahin eingeschränkt,

---

[129]) *Novak*, Bindung an den Berufungsantrag, JBl. 1950, S. 471; vgl. etwa auch die E. des OGH. vom 12. 11. 1952, SZ. XXV/298.

[130]) Vgl. auch *Pollak*, a. a. O., S. 561, *Sperl*, a. a. O., S. 584, oder *Schrutka*, Grundriß des Zivilprozeßrechts² (1917), S. 266, der den Suspensiveffekt lediglich auf die „Verwirklichung“ der angefochtenen Entscheidung bezieht.

daß sie den — nach wie vor gleichartig umschriebenen! — Suspensiveffekt von nun an auch einer Revision einräumen wollte, die sich gegen ein bestätigendes Berufungsurteil wendet, wobei sie mit ihrem Art. VIII, Z. 46, in den § 371, Z. 1, EO. den diesen Eingriff etwas ausgleichenden Zusatz einfügte, daß jetzt auch „auf Grund eines in zweiter Instanz bestätigten Urteils, wenn wider das Urteil des Berufungsgerichtes Revision erhoben wurde“, wenigstens eine erleichterte Exekution zur Sicherstellung (ohne Gefahrenbescheinigung) bewilligt werden kann. Was sollte das alles am vorher erörterten Wesen des Suspensiveffekts — daß er nämlich (auch) die Urteilswirkung der materiellen Rechtskraft hinauszögert — geändert haben? [131])

f) Ich mußte auf dieses Thema etwas näher eingehen, weil die Art, wie man zu ihm Stellung nimmt, weitreichende Folgen zeitigt. Wollte man nämlich Petscheks Ansicht gelten lassen, so fiele u. a. auch das unser Prozeßrecht kennzeichnende, es vom deutschen Prozeßrecht wesentlich unterscheidende und der österreichischen Rechtsprechung längst geläufige [132]) Institut der Teilrechtskraft dahin, die sich von der Gesamtrechtskraft nur quantitativ, nicht aber qualitativ unterscheidet, daher — wie die Gesamtrechtskraft — Endgültiges schafft, was nicht zuletzt an den glücklicherweise kaum je zum Zug kommenden Bestimmungen des § 483 (1) und (2) ZPO. erprobt werden kann.

Petschek mißt in der Tat den soeben erwähnten Gesetzesbestimmungen schrankenlose Bedeutung bei und läßt eine Erweiterung der Berufung auch auf unangefochten gebliebene und daher in Rechtskraft er-

---

[131]) Bezeichnend wohl die oben in Anm. 130 genannten Literaturstellen, die das Gesetz in seiner Fassung nach der ersten GEN. beleuchten.

[132]) Die Judikatur zweifelt z. B. nicht mehr daran, daß ein Rechtsmittelgericht, das seine Bindung an den Rechtsmittelantrag mißachtet und dessen Umfang überschreitet, insoweit in die Rechtskraft einbricht und daher nichtig entscheidet; vgl. etwa die Entscheidungen des OGH. vom 8. 2. 1956, JBl. 1956, S. 262 (betrifft das Rekursverfahren), vom 13. 3. 1957, JBl. 1957, S. 322 ff., vom 3. 12. 1958, JBl. 1959, S. 184 ff., vom 28. 2. 1961, JBl. 1961, S. 434 f. (betrifft das arbeitsgerichtliche Berufungsverfahren), vom 16. 3. 1962, JBl. 1962, S. 640, u. a. m.

wachsene Entscheidungsteile zu [133]). Wiewohl er sehr richtig davon ausgeht, daß Objekt der Überprüfungstätigkeit des Berufungsgerichts nur die vom Berufungswerber ausdrücklich als Anfechtungsobjekt hingestellten Teile des erstrichterlichen Verfahrens sein können, daß die Fixierung des Anfechtungsobjekts aus der den Berufungsumfang anzeigenden Erklärung der Berufungsschrift hervorgeht, daß jedoch die „Berufungserklärung" nur infolge eines Redaktionsversehens im § 467, Z. 3, ZPO. gesondert vom „Berufungsantrag" angeführt, regelmäßig aber mit diesem verbunden und an anderen Stellen des Gesetzes [insbesondere §§ 462 (1) und 466 ZPO.] unter dem Berufungsantrag mitverstanden wird (S. 366 f.) [134]), verfängt er sich dann in nachstehenden Widerspruch: „Soweit nun der Umfang der Berufung nicht greift, ist jede [66]) Überprüfung ausgeschlossen [462 (1)], mag auch der Mangel sich auf jene Teile mitbeziehen; folglich ist dem Gericht mit Bezug auf diese Teile selbst die Beachtung von Nichtigkeitsgründen verwehrt, denn mit Bezug auf sie ist der Devolutiveffekt nicht eingetreten. Insoweit fehlt es auch am Suspensiveffekt (466). Doch sind auch die an-

---

133) Pollak, a. a. O., S. 587 f., meint zwar auch, den § 483 (1) und (2) ZPO. gewissermaßen hinnehmen zu müssen, hebt aber hervor, daß der § 466 ZPO. eine Berufungserweiterung über die bereits eingetretene Teilrechtskraft hinaus nicht ins Auge fasse, und bezeichnet schließlich die im § 483 (1) und (2) ZPO. zum Ausdruck gebrachte Erweiterungsmöglichkeit als einen „Bruch mit den Normen über die formelle Rechtskraft, der unerfreulich wäre, wenn er im Rechtsleben Bedeutung gewonnen hätte." Dem wäre nur hinzuzufügen, daß es sich in Wahrheit um einen Bruch mit den Normen über die materielle Rechtskraft handelt.

134) Die richtige Auffassung, daß die Berufungs-(Revisions-) Erklärung — neben dem Berufungs-(Revisions-)Antrag — keine eigenständige Aufgabe zu erfüllen habe, hat die Rechtsprechung klar erkannt; vgl. etwa die Entscheidungen des OGH. vom 1. 7. 1953, JBl. 1954, S. 45 f., vom 19. 6. 1957, JBl. 1957, S. 534 f., oder vom 3. 12. 1958, JBl. 1959, S. 184 ff. Daß die E. des OGH. vom 9. 3. 1962, JBl. 1962, S. 453, an einer Stelle auch der „Berufungserklärung" besonders gedenkt, war für sie nicht bestimmend; sie hat daraus keine Folgerungen gezogen und richtigerweise nur auf die Bestimmtheit des Rechtsmittelantrags und der Rechtsmittelgründe abgestellt; hiezu meine Besprechung dieser Entscheidung, ebenda, S. 453 f.

gefochtenen (— soll richtig heißen: unangefochten gebliebenen —) Teile insofern nicht der formellen Rechtskraft teilhaft, als eine Erweiterung des Berufungsantrags noch möglich ist. Eine solche Erweiterung begründet nachträglich das Überprüfungsrecht des Berufungsgerichts bezüglich der jetzt einbezogenen Teile" (S. 367). Dort also, wo es sowohl am Devolutiv- als auch am Suspensiveffekt fehlt, wo daher das Berufungsgericht keinesfalls mehr in die Lage kommen kann, eine Entscheidungstätigkeit zu entwickeln, soll nur wegen einer [ausdrücklichen oder konkludenten; § 483 (1) und (2) ZPO.] Willensübereinstimmung der Parteien, die über die Rechtskraft in Wahrheit niemals zu verfügen vermögen, plötzlich doch wieder der Weg dahin eröffnet werden, die Rechtskraft zu mißachten, und dem Berufungsgericht die Last auferlegt werden, sich über die §§ 240 (3) und 411 (2) ZPO. hinwegzusetzen, um sich einer ebenso verspäteten wie gewillkürten Erweiterung des Berufungsumfangs zu beugen?[135]) Petschek begnügt sich aber nicht mit diesem kurzen Hinweis, sondern nimmt ausdrücklich und ziemlich ausführlich gegen die ihm widerstreitende (richtige) Ansicht A. Rintelens[136]) Stellung (S. 379 ff.)[137]). Darauf näher einzugehen, erübrigt sich je-

---

[135]) In diesem Sinn sehr eindringlich Sperl, a. a. O., S. 632 f., der auch auf die Entstehungsgeschichte des Gesetzes hinweist und damit die Zwielichtigkeit des dem neuen Gedanken einer amtswegigen Wahrnehmung der Rechtskraft noch nicht angeglichenen § 483 (1) und (2) ZPO. [§ 503 der Regierungsvorlage; hiezu Materialien, a. a. O. (Anm. 127), S. 168] deutlich herausstellt. Selbstverständlich ist auch Petschek der auf Bülow zurückzuführende, sich aber erst bei der parlamentarischen Beratung der ZPO. durchsetzende und in der endgültigen Gesetzesformulierung nicht immer klar zum Ausdruck gebrachte Wandel in der Auffassung über die Wirkung der Rechtskraft (und Streitanhängigkeit) bekannt; denn er hat an einer anderen Stelle seines nachgelassenen Werks sogar gesagt, es verhalte sich so, als ob Verstöße gegen die Rechtskraft oder gegen die Streitanhängigkeit in den § 477 (1) ZPO. als Z. 8a und 8b aufgenommen worden wären (S. 170); nur zieht er eben nicht auch alle Konsequenzen daraus.

[136]) Berufungsgrund und Berufungsantrag nach dem neuen österreichischen Civilproceßrecht (1901), insbesondere S. 108 ff.

[137]) Dabei mißdeutet Petschek die Auffassung A. Rintelens, dem er zusinnt, geäußert zu haben, daß der in der Berufungsschrift nichtangefochtene Urteilsteil mit Rücksicht

doch deshalb, weil ich schon einmal auf dieses Thema zu sprechen gekommen bin [138]) und weil inzwischen auch die Rechtsprechung die mir richtig erscheinende Linie endgültig eingeschlagen hat [139]). Interessant bleibt immerhin, daß sich Petschek bei der Darstellung seiner Ansicht gezwungen sieht, die vom § 466 ZPO. ins Auge gefaßte materielle Rechtskraft in eine formelle umzudeuten, ja nicht einmal an dieser festzuhalten, sondern zum verschwommenen Begriff „Ausführbarkeit" zu greifen, um irgendeinen Ansatzpunkt dafür zu finden, seine Meinung zu stützen (S. 380), und daß er auf gleicher gedanklicher Grundlage sogar an die Möglichkeit einer Erweiterung des Umfangs der Revisionserklärung denkt (S. 392).

Schon darum erschien es mir wichtig, die wahre Bedeutung des Suspensiveffekts klar herauszuarbeiten und festzuhalten, daß die §§ 466 und 505 (3) ZPO., wenn sie neben der Vollstreckbarkeit noch von der Rechtskraft sprechen, nur die materielle Rechtskraft meinen können. Daß diese grundlegende Erkenntnis noch weitere Folgen zeitigt, so bei der Würdigung der Bedeutung des Rechtskraftvorbehalts nach § 519, Z. 3, ZPO., habe ich in meiner Kritik an der E. des OGH. vom 21. 12. 1953 [Spruch Nr. 37 (neu)], SZ. XXVI/312, zum Ausdruck gebracht [140]).

---

auf die Beschränkung des Suspensiveffekts (§ 466 ZPO.) sofort formell rechtskräftig sei (S. 380). Der wohl maßgebliche Satz bei A. Rintelen heißt jedoch: „Hier ist anerkannt, daß jene Theile des Urtheils, welche nicht ausdrücklich angefochten sind, sofort rechtskräftig und vollstreckbar werden" (a. a. O., S. 110). Und der Schluß der Ausführungen zu diesem Kapitel gipfelt in dem Ausspruch: „. . .; der übrige (nicht sofort angefochtene) Urtheilsinhalt ist rechtskräftig festgestellt und sogleich vollstreckbar" (a. a. O., S. 116). Es zweifelt also auch A. Rintelen nicht daran, daß der § 466 ZPO. die Urteilswirkungen und damit auch die materielle Rechtskraft im Umfang der Berufungsanträge hinausschiebt (siehe oben, Text vor und nach Anm. 130 sowie vor Anm. 131).

138) Novak, a. a. O. (Anm. 129), S. 471 f.

139) Der Bearbeiter Stagel verweist dankenswerterweise auf diese Rechtsprechung (S. 380). Der von ihm zitierten E. des OGH. vom 3. 12. 1958, EvBl. 1959, Nr. 186 = JBl. 1959, S. 184 ff., wäre vielleicht nur noch ein besonderer Hinweis auch auf die E. des OGH. vom 13. 3. 1957, JBl. 1957, S. 322 ff., hinzuzufügen.

140) Novak, Der Spruch Nr. 37 (neu), JBl. 1954, insbesondere S. 350; dort habe ich es auch nicht verabsäumt, auf die

g) Noch ein letzter Einwand sei mir gestattet. Petschek erörtert die gewissen bestätigenden Berufungsurteilen beizufügenden Zusätze nach § 500 (2) und (3) ZPO. (Ausspruch über den Wert des Streitgegenstands oder über die Zulässigkeit der Revision) und sagt bei dieser Gelegenheit — ohne den von ihm selbst knapp vorher bezogenen § 500 (4) ZPO. ausreichend zu beachten, der beide Arten der berufungsgerichtlichen Urteilszusätze gleichbehandelt und sie rechtsmittelfrei stellt — lediglich in Ansehung eines berufungsgerichtlichen Ausspruchs nach § 500 (2) ZPO. und ohne jede Begründung: „... der Oberste Gerichtshof ist an die Bewertung nicht gebunden" (S. 388). Gegen diese Auffassung bin ich schon früher aufgetreten, glaube, sie eingehend widerlegt zu haben, und brauche mich nicht zu wiederholen [141]. Die Rechtsprechung ist in dieser Frage zwar noch immer nicht durchwegs einheitlich [142], vermag aber, wenn sie sich gelegentlich zu einer gegenteiligen Meinung bekennt, keinerlei Argument gegen die Bestimmung des § 500 (4) ZPO. beizubringen, ja sie berührt dann diese Norm geflissentlich gar nicht [143]. Gerade des-

---

Stellungnahme des OGH. in seinem Plenissimarbeschluß vom 23. 5. 1905 (Judikat Nr. 169), GlUNF. 3067, zu § 505 (3) ZPO. zu verweisen, die in dem hier maßgeblichen Anliegen durch die erste GEN. nicht an Gewicht verloren hat (vgl. oben, Text vor Anm. 131). Vgl. in diesem Zusammenhang auch die Entscheidungen des OGH. vom 30. 5. 1961, JBl. 1961, S. 485 ff. (besprochen von Novak) und vom 20. 10. 1961, JBl. 1962, S. 325 f.

141) Novak, Zur Tragweite des § 519 ZPO., JBl. 1953, S. 85 f., Anm. 95 (mit zahlreichen Literatur- und Judikaturzitaten). Meiner Ansicht hat sich Neuwirth in seiner Besprechung der E. des OGH. vom 7. 5. 1954, JBl. 1954, S. 542, angeschlossen. Vgl. aber auch R. Kralik, Zur Bewertung nach § 500 (2) ZPO., JBl. 1955, S. 29, der sich gegen Neuwirths eben erwähnte Besprechung nur in einer anderen, hier nicht zu erörternden Richtung wendet, jedoch ausdrücklich sagt: „Denn auch die falsche und sogar eine Bindung mißachtende, aber notwendige Bewertung wäre maßgeblich und könnte vom OGH. weder korrigiert noch übergangen werden."

142) Grundsätzlich richtig z. B. die Entscheidungen des OGH. vom 16. 6. 1954, EvBl. 1954, Nr. 316, vom 5. 1. 1955, JBl. 1955, S. 278 f., vom 16. 3. 1955, EvBl. 1956, Nr. 42, vom 21. 4. 1960, ÖRZ. 1960, S. 183, oder vom 7. 2. 1961, JBl. 1961, S. 485.

143) So z. B. die E. des OGH. vom 16. 1. 1962, EvBl. 1962, Nr. 215 = ÖRZ. 1962, S. 86 f. (hier allerdings mit dem Entscheidungsdatum: 18. 1. 1962).

halb mein Hinweis darauf, daß Petscheks vorher angeführter Teilsatz einer den § 500 (4) ZPO. mißachtenden Judikatur keine wie immer geartete Grundlage zu bieten vermag.

2. Habe ich mich bei den von mir geäußerten Bedenken gegen die eine oder andere Ansicht Petscheks ausführlicher gehalten, so geschah dies vor allem deshalb, um nicht den Anschein zu erwecken, als ob ich Petscheks wissenschaftlichem Gewicht nicht die gebührende Aufmerksamkeit gezollt hätte. Umso leichter fällt es mir nun, die Richtigkeit anderer Auffassungen Petscheks deutlich hervorzukehren, freilich wiederum in allerengster Auswahl und mit der Zielrichtung, Petscheks Aussagen mit einigen, von anderer Seite geäußerten Meinungen, und nicht zuletzt mit der Judikatur, zu konfrontieren.

a) Petschek bewahrt sich vor dem Fehler, aus der im § 29 JN. grundsätzlich angeordneten perpetuatio fori einen verfehlten Gegenschluß zu ziehen. Er vertritt die zutreffende Ansicht, daß ein im Zeitpunkt der Klagsanbringung unzuständiges Gericht zuständig werden kann, so dann, wenn es „das Verfahren eingeleitet hat und die für die Zust. maßgebenden Tatsachen bis zum Schluß des Zust.-Streits in erster Instanz eintreten, denn es hätte keinen Sinn, heute die Prozeßabweisung auszusprechen, damit morgen die Klage bei demselben Gericht neuerlich eingebracht werde ...“ (S. 132 f.)[144]). Knapper und überzeugender hätte man sich gar nicht fassen können!

b) Petschek stellt sowohl beim § 42 (3) JN. als auch beim § 45 (1) JN. auf das Vorliegen einer wahren Entscheidung ab. Er formuliert im ersten Fall: „Voraussetzung des 42 (3) JN. ist eine wahre Entscheidung, es genügt also nicht eine bloße, von der Annahme der Gültigkeit des Prozeßverhältnisses diktierte prozeßleitende Verfügung (Tagsatzungsanordnung u. dgl.), es muß also ein die Prozeßgültigkeit unter Hinweis auf den jetzt als Nichtigkeitsgrund hingestellten Tatbestand ausdrücklich anerkennender Gerichtsanspruch (soll richtig heißen: Gerichtsausspruch) vorliegen“ (S. 142); und im zweiten Fall: „Vorausgesetzt ist stets eine ‚Entscheidung‘, d. h. ein ausdrücklicher Ausspruch des Ge-

---

[144]) So z. B. richtig, wenn auch von einer verfehlten Basis ausgehend, die E. des OGH. vom 25. 6. 1958, JBl. 1958, S. 580 f. (mit einer Besprechung von Novak).

richts über den vom Beklagten aufgeworfenen Kompetenzzweifel“ (S. 136). Es widerspräche in der Tat dem Gesetz, wollte man eine in den Gründen des Sachurteils nur nebenhin erwähnte — oder gar allein schon durch die Fällung dieses Urteils angeblich schlüssig in Erscheinung getretene — Bejahung der Zulässigkeit des Rechtswegs [145]) oder der sachlichen Zuständigkeit des Gerichtshofs [146]) als hinreichend ansehen.

c) Bei der Behandlung des Gerichtsstands der Gegenseitigkeit bekennt sich Petschek zu der m. E. zutreffenden Ansicht, daß der § 101 JN. nicht auf der formellen, sondern auf der materiellen Reziprozität aufbaut. Er weiß selbstverständlich um den hier herrschenden Meinungsstreit und begründet seine Auffassung einerseits entwicklungsgeschichtlich, anderseits textkritisch (S. 107). Scheucher, der vor einiger Zeit unter beachtlicher Auswertung des Schrifttums zu dieser Frage eingehend Stellung genommen hat [147]), meint zwar, daß der § 101 JN. vom Grundsatz der formellen Gegenseitigkeit ausgehe, muß aber zugeben, daß der Wortlaut des Gesetzes eher für die gegenteilige Ansicht spricht [148]). Lediglich der

---

[145]) Unrichtig die E. des OGH. vom 7. 5. 1958, JBl. 1959, S. 37 f. = SZ. XXXI/74; dagegen richtig die E. des OGH. vom 29. 11. 1961, JBl. 1962, S. 315 ff. (mit einer ausführlichen Besprechung von Novak, die auch die eben genannte Fehlentscheidung eingehend beleuchtet).

[146]) In diese Richtung verläuft eine sich leider über die Lehre immer wieder hinwegsetzende Judikatur, auf die ich mehrfach, zuletzt in meiner Entscheidungsbesprechung (oben, Anm. 145), hingewiesen habe.

[147]) Der Gerichtsstand der Gegenseitigkeit, JBl. 1959, S. 223 ff.

[148]) A. a. O. (Anm. 147), S. 225. Im übrigen fällt auf, daß Scheucher dem Art. 14 Code Civil ganz besonderes Augenmerk zuwendet, die sich gerade mit dieser Gesetzesstelle auseinandersetzende E. des OGH. vom 27. 7. 1955, SZ. XXVIII/180, aber unberücksichtigt läßt, ja sogar sagt, daß in jüngerer Zeit Entscheidungen zu § 101 JN. nicht veröffentlicht worden seien (ebenda, S. 227, Anm. 34). Die Entscheidung SZ. XXVIII/180 wurde dann auch in der ZfRV. 1960, S. 40 f., veröffentlicht und dort von Schima gutgeheißen. Fasching, a. a. O. (Anm. 43), Bd. I, S. 487 ff., propagiert ebenfalls die formelle Gegenseitigkeit, begreiflicherweise weit nicht mit der Gründlichkeit Scheuchers, der dieser Frage eine ausführliche Abhandlung widmen konnte, unterläßt es jedoch nicht minder — was in einem der Rechtsprechung zugeneigten Kommentar Verwunderung aus-

Vollständigkeit halber sei ein von Petschek — freilich nur in seinen Vorlesungen — in die Waagschale geworfenes, weiteres Argument erwähnt: Die österreichische Monarchie, um die Jahrhundertwende eine einflußreiche Großmacht, hatte damals gar keinen Anlaß, sich mit der formellen Reziprozität zu begnügen. Auch dieser Gesichtspunkt sollte nicht außer acht gelassen werden!

d) Einen wahren Tummelplatz für theoretische Auseinandersetzungen bietet seit eh und je die Frage nach den Wirkungen jener Streitgenossenschaft, die von unserem Gesetz „einheitliche Streitpartei" genannt wird (§ 14 ZPO.)[149]. Vertretungstheorie, Schutztheorie und Theorie der Reflexwirkung — um nur die wichtigsten zu nennen — stehen einander gegenüber oder vermengen sich. Den Gedanken an eine Stellvertretung des einen Streitgenossen durch den anderen hat m. E. schon Skedl überzeugend widerlegt[150]. Petschek steuert hier einen wichtigen Satz bei: „Doch darf man den tätigen Genossen nicht als Vertreter der untätigen betrachten, denn er handelt nicht in ihrem Interesse und kann die Bedeutsamkeit seiner Tätigkeit für sie gar nicht ausschließen ..." (S. 303)[151]. Die noch von Sperl vertretene Auffassung, bei widersprechenden Handlungen einheitlicher Streitgenossen wirke jeweils die „günstigere"[152], kann angesichts

---

löst —, die Entscheidung SZ. XXVIII/180 auch nur zu erwähnen, worauf schon Wahle, a. a. O. (Anm. 86), S. 450, hingewiesen hat.

[149]) Man orientiere sich etwa nur an den schon mehr als 60 Jahre zurückliegenden Ausführungen Skedls, a. a. O. (Anm. 80), S. 195 ff., die den Widerstreit in der deutschen Theorie mitberücksichtigen, wobei allerdings nicht außer acht gelassen werden darf, daß die im (heutigen) § 62 DZPO. behandelte „notwendige Streitgenossenschaft" gegenüber der österreichischen Gesetzesfassung so manchen Unterschied aufweist.

[150]) A. a. O. (Anm. 80), S. 198 ff.

[151]) Übrigens legt es nur der Text des § 62 (1) DZPO. („... so werden ... die säumigen Streitgenossen als durch die nicht säumigen vertreten angesehen") nahe, eine derartige „Vertretung" ins Auge zu fassen, während sich unser § 14, 2. Satz, ZPO. ganz anders ausdrückt: „Sind einzelne Streitgenossen säumig, so erstreckt sich die Wirkung der Prozeßhandlungen der tätigen Streitgenossen auch auf sie."

[152]) A. a. O., S. 190 ff.

der überzeugenden Kritik Pollaks[153]) nicht weiterverfochten werden. Petschek, der Reflexwirkung annimmt, sagt mit Recht: „... noch darf man sich der Schutztheorie zuneigen, denn die Reflexwirkung greift auch Platz bezüglich der faktisch gegen den Säumigen ungünstig[66]) wirkenden (nicht dispositiven) Prozeßhandlungen" (S. 303). Und nur diese Auffassung wird dem § 14, 2. Satz, ZPO.[151]) gerecht; denn das dort ganz allgemein angeordnete „Sich-Erstrecken" der Wirkung einer vom tätigen Streitgenossen gesetzten Prozeßhandlung auch auf die säumigen Streitgenossen nimmt von jeder Wertung der Prozeßhandlung Abstand. Anders ausgedrückt: Der allein tätige Streitgenosse mag noch so „ungünstig", ja vielleicht sogar verhängnisvoll handeln — etwa haltlose Behauptungen aufstellen, die eine ebenso langwierige wie kostspielige Beweisaufnahme erfordern —, die ex lege mitbetroffenen säumigen Streitgenossen vermögen sich dessen nicht zu erwehren!

Ich glaube, daß Petschek den richtigen Schlüssel zur Lösung gefunden hat, wenn er sagt: „Die Streitgenossen bilden ‚eine einheitliche Streitpartei' (14), d. h. es ist alles so zu behandeln, als ob sie Teil einer Partei oder Kollektivvertreter einer Partei wären" (S. 303). Das hat, wohlgemerkt, mit der schon erwähnten und abgelehnten Vertretungstheorie nichts zu tun, sondern dient nur einer Erläuterung der gesetzlichen „Fiktion der Parteieinheit"! Ebenso recht hat Petschek, wenn er einander widersprechende Äußerungen einheitlicher Streitgenossen der freien Beweiswürdigung des Gerichts unterstellt, hinsichtlich der Dispositivhandlungen [Anerkenntnis, Vergleich, Verzicht, Rechtsmittelverzicht, Klagsänderung und — im Fall einer „notwendigen Streitgenossenschaft" im österreichischen Sinn, bei der das Ausspringen auch nur eines der Kläger die Gesamtabweisung der Klage mangels Sachlegitimation nach sich zöge (S. 302) — die Klagszurücknahme] jedoch die Forderung aufstellt, daß sie bei sonstiger Unbeachtlichkeit (auch gegenüber dem Handelnden selbst) von allen vorgenommen werden müssen (S. 303). Petschek ist ferner zu folgen, wenn er den § 15 ZPO. in seine Be-

[153]) A. a. O., S. 201. — Fasching, a. a. O. (Anm. 43), Bd. II, S. 198 ff., macht sich zwar Sperls Auffassung zu eigen und tritt gegen Pollak ausdrücklich auf, jedoch ohne jede Überzeugungskraft.

trachtung miteinbezieht und überzeugend darlegt, wo und wann das Gesetz das Prinzip der Fiktion einer Parteieinheit in den Vordergrund, manchmal aber auch in den Hintergrund stellt. Jedenfalls ist es ihm auf insgesamt einer Seite und noch zwölf Druckzeilen der folgenden Seite (S. 303 f.) gelungen, eine generelle Lösung an die Hand zu geben, die die vom Gesetzgeber von allem Anfang an vorausgesehenen Schwierigkeiten [154]) meistert [155]).

---

[154]) Siehe die Begründung der Regierungsvorlage in den Materialien, a. a. O. (Anm. 127), S. 201 f. Vorerst wird gesagt: „Wenn so das streitige Rechtsverhältnis nur eine einheitliche Feststellung zuläßt, dann kommen die einzelnen Streitgenossen zunächst nur als Vertreter eines gemeinschaftlichen Verhältnisses in Betracht.“ (Das unterstreicht eindeutig die Auffassung Petscheks.) Dann heißt es weiter: „Zur Berücksichtigung der eigenthümlichen Verhältnisse ... war es bloß nöthig, ... die Bestimmung auszusprechen, daß die säumigen Streitgenossen als durch die nicht säumigen vertreten anzusehen sind (§ 14, Absatz 2). Wenn das streitige Rechtsverhältnis allen Streitgenossen gegenüber nur einheitlich festgestellt werden kann, ergeben sich auch aus widersprechenden Erklärungen der Streitgenossen manche Schwierigkeiten. Sie werden jedoch im mündlichen Verfahren viel leichter als im schriftlichen Processe beseitigt werden ...“ Hier ist allerdings von großer Bedeutung, daß im Zug der parlamentarischen Beratung nicht nur die Paraphierung geändert, sondern auch der § 14 ZPO. (heutiger Fassung) neu formuliert worden ist, u. zw. im Rahmen jener „redaktionellen Änderungen“, zu denen sich die Permanenzkommission des Herrenhauses entschloß und „deren Gemeinsames es ist, daß sie, um das Auftauchen von Unsicherheit und Mißverständnissen in der Praxis thunlichst hintanzuhalten, die Worte dem gewollten und für richtig erkannten Inhalte der einzelnen Gesetzstellen enger anzupassen suchen, als es die Formulirung des vorgelegten Gesetzentwurfes gethan hat“ (vgl. ebenda, I, S. 766, 810, und II, S. 313, 349). Und so kam es auch zum Ausschalten der von der Regierungsvorlage dem deutschen Prozeßrecht entlehnten Fiktion, es sei der tätige Streitgenosse Vertreter der säumigen Streitgenossen.

[155]) Pollak lehnt die Annahme einer Reflexwirkung ausdrücklich ab (a. a. O., S. 200), kommt aber trotzdem Petschek in mancher Hinsicht sehr nahe, freilich mitunter auch zu trügerischen Schlüssen, so etwa dann, wenn er auf den § 15 ZPO. nicht ausreichend Bedacht nimmt, das Einlegen eines Rechtsmittels nur von einem Streitgenossen dem Rechtsmittelverzicht eines der anderen Streitgenossen gleichgewichtig gegenüberstellt und zum Ergebnis gelangt, es müsse in einem solchen Fall ab-

e) Aus der Behandlung der Nebenintervention im nachgelassenen Werk sei nur so viel herausgegriffen, als Petscheks Darlegungen zur Klärung einer Kontroverse beitragen können, die sich in letzter Zeit zwischen dem OGH. und mir entwickelt hat. Ich habe in meiner Besprechung der E. des OGH. vom 17. 11. 1961, JBl. 1962, S. 157 ff., mit Nachdruck hervorgehoben, daß man das Zeitelement mit dem Formelement nicht zum Nachteil des Nebenintervenienten verquicken und ein von ihm mit der Beitrittserklärung verbundenes Rechtsmittel nicht etwa deshalb zurückweisen dürfe, weil die Zustellung des Schriftsatzes an die Parteien (der nur sekundäre Bedeutung zukommt) vor Ablauf der Rechtsmittelfrist nicht mehr bewirkt werden konnte; ein Wiederholen meiner Beweisführung darf ich mir ersparen, weil sie an der angegebenen Fundstelle nachgelesen werden kann. Daraufhin ist mir der OGH. in seiner E. vom 5. 9. 1962, EvBl. 1962, Nr. 495, ausdrücklich entgegengetreten und hat, zusammengefaßt, folgende Beweggründe ins Treffen geführt: α) Er halte an seiner, von einer anderen Interpretation des § 18 (1), 1. Satz, ZPO. ausgehenden, bisherigen Rechtsprechung fest [156]. β) Daß Pollak, Sperl und Neumann zu dieser Frage nicht Stellung nehmen, spreche nicht für meine Ansicht, zumal bei Neumann noch festzuhalten wäre, daß er Skedls abweichende Auffassung ohne Widerspruch zitiere und damit füglich zum Ausdruck bringe, er schließe sich ihr an. γ) Meine Bezugnahme auf die deutsche Literatur greife deshalb nicht durch, weil das deutsche Gesetz zur Wiederherstellung der Rechtseinheit auf dem Gebiete der Gerichtsverfassung, der bürgerlichen Rechtspflege, des Strafverfahrens und des Kostenrechts vom 12. 9. 1950 (nicht:

gewartet werden, ob sich die Streitgenossen innerhalb der Rechtsmittelfrist einigen können; wenn nicht, sei die Rechtsmittelfrist eben versäumt (a. a. O., S. 202). Dagegen richtig Petschek, der den Rechtsmittelverzicht nur eines Streitgenossen nicht einmal diesem gegenüber und die Rechtsmittelerhebung eines der anderen Streitgenossen für alle wirken läßt (S. 303, 370).

[156]) Der zusätzliche Hinweis des OGH. auf Fasching [a. a. O. (Anm. 43), Bd. II, S. 216] besagt nichts; denn Fasching steht ja ganz offensichtlich unter dem Einfluß ebendieser früheren Rechtsprechung (wie älteren Lehre) und zitiert aus dem deutschen Rechtsbereich nur eine einzige Reichsgerichtsentscheidung, u. zw. eine aus dem Jahr 1918!

20. 9. 1950), DBGBl. (nicht: DRGBl.) I, S. 455, den § 70 DZPO. anders gefaßt habe; Stein, DZPO. I^{11}, S. 212, wie Förster-Kann, DZPO. I^{3}, S. 241, hätten vor der Novelle 1950 jene Meinung verfochten, die auch der OGH. vertrete.

Darauf habe ich zunächst zu erwidern:

ad α): Darin liegt nicht mehr als ein nochmaliges Gegenüberstellen zweier Auffassungen, keinesfalls ein Eingehen auf meine Gegenargumente!

ad β): Ich selbst war es, der in meiner Entscheidungsbesprechung, JBl. 1962, S. 157 ff., auf Pollak, Sperl, Neumann und Skedl, aber auch auf andere Autoren, hingewiesen und unter Beweis gestellt hat, daß wohl Skedl und Horten anderer Auffassung sind, daß hingegen Pollak und Sperl in Wahrheit für mich sprechen und daß Neumann auf Skedls Ansicht nur aufmerksam macht, ohne ihr zuzustimmen [157]).

ad γ): Gewiß hat die deutsche Novelle 1950 (verbunden mit einer neuen Bekanntmachung des Gesetzestextes) bereinigend gewirkt, bekanntlich aber vielfach auch nur stilistisch. Und beim § 70 DZPO. hat sie zwei bisher miteinander vermengte Gedanken — deren Verflechtung auf den, dem deutschen Prozeßrecht eigen gewesenen Parteibetrieb abgestellt war, der in Deutschland nur allmählich abgebaut wurde, bei uns aber gar nicht zum Durchbruch gekommen ist — eindeutig voneinander getrennt und die Worte „durch Zustellung eines Schriftsatzes" durch die säuberlich scheidende Formulierung „Einreichung eines Schriftsatzes" einerseits und „Der Schriftsatz ist beiden Parteien zuzustellen" anderseits ersetzt. Ältere deutsche Gegenstimmen, die mir der OGH. vorhält — beide stammen aus dem Jahr 1913! —, sind auch in Deutschland schon vor 1950 längst überholt gewesen. Man vergleiche doch spätere, aber noch vor der Novelle 1950 erschienene Werke, etwa Rosenberg, Lehrbuch des deutschen Zivilprozeßrechts^{4} (1949), S. 180 f., oder Nikisch, Zivilprozeßrecht, ein Lehrbuch^{1} (1950), S. 445, nicht minder jedoch auch Stein-Jonas, Kommentar zur DZPO. I^{13} (1926), S. 201, 215.

---

[157]) Hier könnte ich noch herausstreichen, daß Neumann, a. a. O. (Anm. 43), S. 456, Anm. 2, Skedls Auffassung mit dem Wort „jedoch" zitiert, sie also eher ablehnt, daher keinesfalls vom OGH. für sich in Anspruch genommen werden kann.

Und wie stellt sich Petschek zu dieser Frage? Auch er trennt die Form von der Zeit. Die Streitanhängigkeit, das Interventionsinteresse sowie die Partei-, Prozeß- und Postulationsfähigkeit sind bei ihm Interventionsvoraussetzungen, hingegen knüpft er die Entstehung der Nebenintervention an die Überreichung eines Schriftsatzes (allenfalls an das protokollarische Anbringen, § 434 ZPO.) und sagt: „Das Gericht hat lediglich die Formalerfordernisse eines Schriftsatzes ... sowie die Rechtshängigkeit des Prozesses ... zu prüfen und für die Zustellung des Schriftsatzes an beide Parteien zu sorgen (18) ...“ (S. 306 f.) [158]). Ich glaube, daß sich der OGH. in allfälligen

[158]) Daß Petschek Zweifel daran äußert, ob denn der Beitritt eines Nebenintervenienten auch noch in der Revisionsinstanz erfolgen könne [arg. „mündliche Verhandlung“ im § 18 (2) ZPO.] — offenbar deshalb, weil er dem Revisionsgericht nicht zumuten will, über einen möglichen Interventionsstreit mündlich zu verhandeln —, gehört zunächst einmal nicht mehr zu dem hier behandelten Problem, zum anderen lassen sich die Zweifel Petscheks mit dem Hinweis darauf entkräften, daß über den allfälligen Inzidenzstreit immer in erster Instanz zu verhandeln und zu entscheiden ist, u. zw. auch dann, wenn der Beitritt erst nach Abschluß des erstinstanzlichen Verfahrens erklärt wurde. So zumindest die fast ständige und m. E. im Ergebnis richtige Rechtsprechung (vgl. die Entscheidungen des OGH. vom 11. 4. 1928, SZ. X/180, oder vom 20. 7. 1960, EvBl. 1960, Nr. 281), für die in erster Linie wohl folgende Überlegung spricht: Das Gesetz läßt klipp und klar den Beitritt in jeder Lage des Verfahrens bis zur Rechtskraft der Entscheidung zu [§ 18 (1) ZPO.], mithin auch im Berufungs- oder im Revisionsstadium. Das ist der fixe Ausgangspunkt, an dem nicht gerüttelt werden darf. Nun ist das Berufungsgericht zu einer mündlichen Verhandlung oft gar nicht genötigt, und das Revisionsgericht macht von der ihm im § 509 (2) ZPO. eingeräumten Möglichkeit, mündlich zu verhandeln, seit Jahrzehnten keinen Gebrauch. Es ließe sich daher nicht rechtfertigen, die Rechtsmittelinstanzen lediglich zwecks Entscheidung über einen allfälligen Inzidenzstreit um die Nebenintervention zu einer mündlichen Verhandlung zu zwingen [a. M. Fasching, a. a. O. (Anm. 43), Bd. II, S. 218, 219, der seine Auffassung zwar nur mit einem (mißverständlichen) Hinweis auf die E. des OGH. vom 18. 2. 1913 (Spruch Nr. 215), GlUNF. 6309, nicht aber auch literarisch belegt, sich jedoch möglicherweise hier Pollak, a. a. O., S. 127, anschließt; ihm wurde von Wahle, a. a. O. (Anm. 86), S. 452, erwidert, er habe übersehen, daß eine mündliche Verhandlung vor dem OGH. nur über die Revision vorgesehen sei: § 509 (2) ZPO.].

weiteren Entscheidungen zu dieser Frage nunmehr auch mit Petschek auseinanderzusetzen haben wird!

f) Bei der Behandlung der Wiedereinsetzung in den vorigen Stand sah sich Stagel genötigt, stärker einzugreifen, um die aufrecht gebliebenen Gesetzesänderungen aus der Zeit des Zweiten Weltkriegs in das nachgelassene Werk einzuarbeiten. Es geht hier einerseits um den durch die ZustellungsVO. vom 9. 10. 1940, DRGBl. I, S. 1340, in den § 146 (1) ZPO. wie in den § 14 (1), 1. Satz, MahnG. eingefügten, mutatis mutandis gleichlautenden, durch zwei Gedankenstriche markierten (und äußerst bedenklichen) Einschub „— so dadurch, daß sie (der Schuldner) von einer Zustellung (von der Zustellung des Zahlungsbefehles) ohne ihr (sein) Verschulden keine Kenntnis erlangt hat —“, anderseits um die der vierten VereinfachungsVO. vom 12. 1. 1943, DRGBl. I, S. 7, zu verdankenden (und wirklich zu begrüßenden) Neufassung des § 149 (2) ZPO., die es jetzt dem Gericht anheimstellt, über den Wiedereinsetzungsantrag entweder sofort oder erst nach mündlicher Verhandlung zu entscheiden (hiezu Art. I/B/6 und 7 sowie Art. I/C des Ges. vom 3. 10. 1945, StGBl. Nr. 188).

Da muß ich freilich zunächst auf gewisse, dem Bearbeiter Stagel unterlaufene Flüchtigkeiten hinweisen, die geeignet sind, Verwirrung zu stiften. Dem Einschub in den § 146 (1) ZPO. — der sich ebensowenig wie jener in den § 14 (1), 1. Satz, MahnG. in den Gedankenkreis unseres Gesetzes reibungslos einfügt [159]) — hat Stagel mehrfach

---

Die oben im Text, unter V/1/b, angestellten, rechtsähnlichen Erwägungen hinsichtlich einer Antragstellung nach § 408 ZPO. mußten zwangsläufig zu einem anderen Endresultat führen, weil zwar auch in diesem Zusammenhang das häufige oder gänzliche Fehlen einer Pflicht der Rechtsmittelinstanzen, mündlich zu verhandeln, zu beachten war, das Gesetz aber in seinem § 408 ZPO. keinesfalls vorsieht, daß der Antrag auch noch in höherer Instanz gestellt werden könne, sondern — im Gegenteil! — als einzige Ausnahme vom Anspruchs-Neuerungsverbot [§ 482 (1) ZPO.] den Rechtsmittelverfahrens-Kostenersatzanspruch anführt und eine extensive Auslegung dieser Norm nicht zuläßt.

[159]) Um dieses Einschubs irgendwie Herr zu werden, beschränkt man ihn auf die unverschuldete Nichtkenntnis von einer formell mangelfreien Zustellung und läßt den § 477 (1), Z. 4, ZPO. erst dann eingreifen, wenn die Zustellung mangelhaft war; so schon Schima, RabelsZ. 1953 (Länderberichte), S. 75 (der im übrigen in dieser Bestimmung einen neuen An-

und mit solchem Nachdruck Rechnung getragen, daß der Leser schwankend werden und zur Annahme gelangen könnte, Petschek habe die von ihm stets vertretene

---

haltspunkt dafür erblickt, sich der subjektiven Theorie Sperls anzuschließen), und jetzt Stagel im nachgelassenen Werk Petscheks (S. 196). Das ist vielleicht ein Weg, aber gewiß kein Ausweg, weil ihm die neuerdings durch die Verfahrensnovelle 1955, BGBl. Nr. 282, mehrfach geänderten Zustellungsvorschriften entgegenstehen, so etwa der neue § 104 (4) ZPO. („Die vorschriftsmäßige Hinterlegung des zuzustellenden Schriftstückes hat die Wirkung der Zustellung. Sie ist auch dann gültig, wenn die Anzeige beschädigt oder abgerissen wird.") oder der neue § 106 (3) ZPO. („Die Beschädigung oder das Abreißen der schriftlichen Aufforderung ist auf die Gültigkeit des Vorganges ohne Einfluß."); es handelt sich dabei um überkommenes und nur wiederbelebtes Rechtsgut [vgl. die §§ 104 (3) und 106 (3) ZPO. in der Fassung vom 13. 3. 1938]. Ferner geht der von der ZPO.-Zustellungs-VO., BGBl. Nr. 113/1946, geschaffene § 108 a ZPO. (seit der bereits erwähnten Novelle 1955 ist es der annähernd gleichlautende § 108 ZPO.) über den auf die ZustellungsVO. 1940, DRGBl. I, S. 1340, zurückzuführenden § 108 ZPO. weit hinaus (hiezu R. Kralik, Mängel des rechtlichen Gehörs, ÖJZ. 1952, S. 10, Anm. 30) und betont mit noch stärkerem Nachdruck die Tendenz, Zustellungsmängel „heilen" zu lassen, ihnen also, wo es nur angeht, jeden hindernden Einfluß auf den weiteren Verfahrensablauf und insbesondere auf den Eintritt der Rechtskraft zu nehmen. Bei dieser Gesamtsituation gelange ich zu dem Ergebnis, die Einschübe in den § 146 (1) ZPO. und in den § 14 (1), 1. Satz, MahnG. als erratischen Block zu werten, der sich in die Struktur unseres Gesetzes nicht einfügen läßt und besondere praktische Folgerungen ausschließt. Anders ausgedrückt: Ist ein Wiedereinsetzungsgrund (nach dem unverfälschten Gesetz) gegeben, so mag er im konkreten Fall auf Zustellungsvorkommnisse zurückzuführen sein; dabei wird es vielfach davon abhängen, ob man eine objektive oder die subjektive Theorie vertritt. Der Einschub kann aber nicht schlechthin als „Beispiel für einen tauglichen Wiedereinsetzungsgrund" angesehen werden, wie dies der Bearbeiter Stagel meint (S. 196). Schließlich darf man ja auch folgendes nicht vergessen: Die Einschübe in den § 146 (1) ZPO. wie in den § 14 (1), 1. Satz, MahnG. sind in der Zeit des Zweiten Weltkriegs geschaffen (1940) und in der sich unmittelbar anschließenden, nicht minder schweren Nachkriegszeit (1945) aufrechterhalten worden. Die bittere Not, die damals bestimmend gewesen sein mochte, sollte heute — rund zwei Dezennien später — wohl nicht mehr den Ausschlag geben. Daß das unserem Gesetzgeber noch immer nicht zu Bewußtsein gekommen ist, ist zwar bedauerlich, aber keineswegs überraschend.

strengere Auffassung[160]) selbst abgeschwächt (S. 196). Des gleichartigen Einschubs in den § 14 (1), 1. Satz, MahnG. gedenkt aber Stagel überhaupt nicht, weder auf S. 196 noch auf S. 423 (bei der Behandlung des Mahnverfahrens). Die Änderung des § 149 (2) ZPO. ist bei der Erörterung der Wiedereinsetzung in den vorigen Stand unberücksichtigt geblieben; der schriftliche Wiedereinsetzungsantrag wird weiterhin als vorbereitender Schriftsatz qualifiziert (so schon S. 181) und ein Abgehen vom Erfordernis einer mündlichen Verhandlung über den Wiedereinsetzungsantrag grundsätzlich nur bei Offenkundigkeit der vom Antragsteller ins Treffen geführten Tatsachen ins Auge gefaßt (S. 197). Hingegen hat Stagel im Rahmen der Darlegung des Mahnverfahrens den § 14, Z. 2, des RechtspflegerG., BGBl. Nr. 180/1962, berücksichtigt und die Durchführung des Mahnverfahrens in den Wirkungskreis des Rechtspflegers verwiesen, es sei denn, daß eine mündliche Verhandlung erforderlich wäre, wobei er den § 149 (2) ZPO. zitiert, hier aber ganz offensichtlich in dessen gegenwärtiger Fassung.

Das vorausgeschickt, will ich betonen, daß es mir hier nur um die Kernfrage geht: Was ist eine „justa causa restituendi“, ein tauglicher Wiedereinsetzungsgrund?

Die Entstehungsgeschichte unseres Gesetzes läßt deutlich das Aufeinanderprallen zweier, miteinander im Widerstreit stehender Meinungen — hie Ordnungsprinzip, da Billigkeitsprinzip — und demgemäß auch so manche Unebenheit erkennen. Die Regierungsvorlage ging m. E. zweifellos von einer objektiven Auffassung aus. Sie formulierte den Text ihres § 159 (1) an der entscheidenden Stelle so:

Man denke vergleichsweise etwa an den § 55 ZPO., der in seiner bis heute umfänglich uneingeschränkt verbliebenen Fassung (Kostenrekurs auch gegen Berufungsurteile) schon seit 1914 [Art. VI, Z. 34, der ersten GEN.: Neufassung des § 528 (1) ZPO.] unanwendbar geworden ist, ohne daß sich irgendeiner der allzu zahlreich aufgetretenen, späteren Novellengesetzgeber darum gekümmert hätte; es bleibt nach wie vor den Veranstaltern privater Gesetzesausgaben überlassen, auf den unanwendbar gewordenen Teil des § 55 ZPO. hinzuweisen!

160) Petschek sprach z. B. a. a. O. (Anm. 109), S. 24, wohlüberlegt von den „harten Folgen“ der Säumnis nach österreichischem Recht, hob aber gleichzeitig hervor, daß die österreichischen Erfahrungen zu einer Systemänderung, nämlich zum Übergang auf das Einspruchssystem, nicht gedrängt haben.

„... ein unvorhergesehenes, für die Partei unübersteigliches Hindernis ..." [161]), und führte in ihrer Begründung u. a. aus: „... verzichtet der Entwurf darauf, die Statthaftigkeit der Restitution unmittelbar auf die Schuldlosigkeit der Versäumung abzustellen und substituirt dem Mangel eines Verschuldens die mehr objectiven [66]) Kriterien, welche § 159 angibt (unvorhergesehene, für die Partei unübersteigliche Hindernisse)" [162]), nachdem sie vorher ungefähr folgendes zum Ausdruck gebracht hatte: Wollte man den Präklusionsstandpunkt außer acht lassen, so würde das Verfahren jede Festigkeit verlieren; doch solle der betriebsamen, fleißigen Partei, jedenfalls aber unter starker Betonung des Sorgfaltsgesichtspunkts, ein Ventil offengehalten werden [163]). Der Permanenzausschuß wollte den § 159 der Regierungsvorlage abschwächen, um auch Billigkeitsmomenten Rechnung zu tragen, und begründete seinen Standpunkt wie folgt: „Die Fassung .. wurde dahin abgeschwächt, daß das Hindernis nicht unvorhergesehen sich eingestellt haben und zugleich [66]) für die Partei ein unübersteigliches gewesen sein muß, sondern es soll schon jedes unvorhergesehene Ereignis, das die Partei am rechtzeitigen Handeln hindert, die Wiedereinsetzung rechtfertigen. Es kann die Partei nur die Pflicht haben, wegen voraussehbarer [66]) Abhaltungen zur rechten Zeit noch um eine Verlängerung der Frist oder Erstreckung der Tagsatzung anzusuchen. Eine positive Bemühung jedoch, um dem unvorhergesehenen [66]) Verlaufe der Thatsachen entgegenzuwirken, kann ihr nicht zugemuthet werden. Desgleichen schied der Ausschuß das Kriterium des unübersteiglichen Hindernisses aus ..." [164]). Und so kam es zu der vom Permanenzausschuß vorgeschlagenen Neufassung seines § 148: „Wenn eine Partei durch ein unvorhergesehenes Ereignis ... verhindert wurde ..." [165]). Die gemeinsame Konferenz bestimmte dann die endgültige Ausdrucksweise im heutigen § 146 ZPO.: „Wenn eine Partei durch ein unvorhergesehenes oder unabwendbares Ereignis ... verhindert wurde ..." [166]). In meinen Augen ist

---

161) Materialien I, a. a. O. (Anm. 127), S. 118.
162) Ebenda I, S. 253.
163) Ebenda I, S. 251.
164) Ebenda I, S. 772.
165) Ebenda I, S. 852.
166) Ebenda II, S. 394.

man damit unverkennbar von der Auffassung des Permanenzausschusses wieder abgerückt, weil man den Begriff „unabwendbares Ereignis“ (statt ursprünglich: „unübersteigliches Hindernis“) in den Gesetzeswortlaut aufnahm, allerdings nicht mehr kumulativ mit „unvorhergesehen“, wie es die Regierungsvorlage getan hatte[161]), sondern — durch das Einschalten des Bindeworts „oder“ — alternativ[166]). Und diese Änderung begründete der gemeinsame Bericht der Permanenzkommission des Herrenhauses und des Permanenzausschusses des Abgeordnetenhauses gar nicht; er tat ihn vielmehr als „stilistische Änderung“ ab[167]).

In Wahrheit ist es so zu einer Häufung von Diskrepanzen gekommen. Hatte die Regierungsvorlage deutlich von einem unvorhergesehenen, unübersteiglichen Hindernis gesprochen, so hat der nach Billigkeit ausschauende Permanenzausschuß zwar das Wort „unübersteiglich“ eliminiert, dafür aber den viel schwerer wiegenden, immer nur auf ein Geschehen in der Außenwelt hindeutenden, Vorgänge des Innenlebens (Irrtum, Vergessen, Hörfehler) hingegen unberücksichtigt lassenden Begriff Ereignis[168]) eingeführt. Außerdem läßt sich dem Bericht des Permanenzausschusses klar entnehmen, daß er die Worte „unvorhergesehen“ und „unvoraussehbar“ gleichbedeutend verwendet hat[169]). Die endgültige Fassung beließ es sodann sowohl beim Wort „unvorhergesehen“ wie beim Wort „Ereignis“, legte aber auch auf den Begriff „unabwendbar“ Gewicht, was erkennen läßt, daß die zuletzt zu Wort gekommene gemeinsame Konferenz beider Häuser den sozusagen ab ovo vorfindlichen Ausdruck „unvorhergesehen“ als „unvorhersehbar“ gewertet hat; andernfalls wäre ja die von ihr zur Verfügung gestellte Alternative zwischen „unvorhergesehen“ und „unabwendbar“ geradezu grotesk. Es ist daher richtig, wenn Pollak insoweit von einem Redaktionsversehen spricht[170]); ein bloß „angebliches“[171]) Re-

[167]) Ebenda II, S. 312. — Zur Entstehungsgeschichte vgl. auch Schima, Die Versäumnis im Zivilprozeß (1928), S. 215 ff., der sich deutlich der subjektiven Theorie Sperls zukehrt.

[168]) Hiezu sehr eingehend das auf den Beschluß eines verstärkten Senats zurückzuführende und mit der ständigen Judikatur dieses Gerichtshofs übereinstimmende Erk. des VwGH. vom 11. 10. 1961, JBl. 1962, S. 340 ff. [zu § 71 (1), lit. a, AVG.].

[169]) Siehe oben, Text vor Anm. 164.

[170]) A. a. O., S. 500 (mit Hinweisen).

[171]) So Schima, a. a. O. (Anm. 167), S. 216.

daktionsversehen könnte man nur dann ins Auge fassen, wenn man nicht alle Entwicklungsphasen unseres § 146 ZPO. ins Kalkül ziehen wollte.

Jedenfalls ist es erklärlich, daß sich ein heftiger Theorienstreit entwickelte. Der subjektiven, dem Säumigen mehr oder minder alle Wege ebnenden Theorie [172]) stehen in ihrer Aussage variierende objektive Theorien [173]) gegenüber.

Petscheks Meinung geht aus den einleitenden Sätzen auf S. 195 f. (dort unter B/1/a) hervor. Er umschreibt den tauglichen Wiedereinsetzungsgrund als „Unterlassung der rechtzeitigen Prozeßbeteiligung infolge eines weder voraussehbaren noch eines zwar vorhersehbaren, jedoch nicht abwendbaren und selbst im Fall der Unvorhersehbarkeit

---

[172]) Ihr Hauptverfechter ist wohl Sperl, a. a. O., S. 270 f. Noch markanter und m. E. auf die Spitze getrieben derselbe, Unwahrheit im Urteil [Festschrift für Franz Klein zu seinem 60. Geburtstage (1914)], insbesondere S. 29 ff.: Dort geht Sperl sogar so weit, unserem Gesetzgeber einen „favor restitutionis" zuzusinnen, wobei er sich vornehmlich auf den Ausschluß eines Rechtsmittels gegen einen die Wiedereinsetzung bewilligenden Beschluß (§ 153 ZPO.) beruft. Dieser Überlegung kommt jedoch keine wie immer geartete Überzeugungskraft zu, wenn man auch nur bedenkt, daß unser Gesetz Beschlüsse sogar solcher Art wenigstens vorläufig immunisiert [§ 173 (2), 2. Satz, ZPO.], die allenfalls Nichtigkeit bewirken [§ 477 (1), Z. 7, ZPO.], oder etwa nur die Zurückweisung eines Ablehnungsantrags für rechtsmittelfähig erklärt, nicht aber auch die gegenteilige Beschlußfassung [§ 24 (2) JN.], woraus man dann wohl schließen müßte, daß das Gesetz die Ablehnung von Richtern „favorisiert" habe! Sperl nimmt aber z. B. auch darauf nicht Bedacht, daß der § 151 ZPO. mit seinem (hier auf eine kurze Formel gebrachten) Gebot „keine Wiedereinsetzung gegen die Versäumung einer Wiedereinsetzung" selbst gegenüber begründetsten Wiedereinsetzungsfällen keinerlei Nachsicht aufbringt. Ebensowenig kann ich dem krönenden Schlußsatz der Ausführungen Sperls (ebenda, S. 37: „Warum nach unwahren Urteilen drängen?") Verständnis entgegenbringen; denn sogar die strengsten Verfechter der objektiven Theorie drängen nicht nach unwahren Urteilen, sondern nur nach einer Ordnung des Verfahrens!

[173]) Zu den exponiertesten Vertretern der objektiven Theorie zählen Pollak, a. a. O., S. 500 (der sich auch schon früher und ausführlicher geäußert hat), oder Klein-Engel, a. a. O., S. 251 ff.

oder Unabwendbarkeit auch nicht durch gewisse Veranstaltungen-das rechtzeitige Handeln freihaltenden (d. h. wenigstens in seinen Folgen paralysierbaren) Vorkommnisses. Unter diesem ist jede Ereignung, nicht etwa bloß ein außergewöhnliches Geschehnis verstanden. Ausschlaggebend ist nicht die Tatsache der faktischen Voraussicht der Partei, sondern auch schon die Möglichkeit der Voraussicht bei Anwendung der gewöhnlichen Sorgfalt eines Durchschnittsmenschen. Bezüglich der Diligenz für die Abwendung des Ereignisses oder der Ereignisfolgen sind nur jene Veranstaltungen nötig, die in einem vernünftigen Verhältnis zum erstrebten Zweck stehen..., und auch nur jene Vorkehrungen, die beim regelmäßigen Gang der Dinge die Erreichung des angestrebten Zwecks versprechen ... Den Normen über den Restitutionsgrund liegt sonach nicht das Erfolghaftungsprinzip (R. Pollak), sondern das Schuldlosigkeitsprinzip zugrunde ..."

Petschek läßt also auch in seinem nachgelassenen Werk deutlich erkennen, daß er auf dem Boden der objektiven Theorie steht, daß er ihr aber nicht minder jede gefährliche Spitze nehmen will. Er faßt richtig das Wort „unvorhergesehen" als „unvorhersehbar" auf, verlangt jedoch nicht, daß das hindernde Ereignis etwa in einer vis major gelegen sein müsse, und nimmt dann auf die Sorgfalt eines Durchschnittsmenschen Bedacht, um das Erfolgshaftungsprinzip durch das Schuldlosigkeitsprinzip zu ersetzen. Das allerdings wiederum nur im Sinn einer objektiv verstandenen Schuldlosigkeit; ein vielleicht schon seiner Natur nach Sorgloser oder zuwenig Bedachtsamer bleibt ungeschützt! Und der, von Petschek als Mindestmaß gedachten Grenzziehung muß noch hinzugefügt werden, daß von Angehörigen eines Berufsstands, dem sogar das materielle Recht ein besonderes Maß an Diligenzpflicht aufbürdet — wie etwa der § 1299 ABGB. der Anwaltschaft —, auch verfahrensrechtlich mehr zu verlangen ist. Dieser ergänzende Hinweis stammt beileibe nicht von mir, sondern von Petschek selbst, der in seiner Vorlesung den Satz geprägt hat: „Die Versäumnis einer gewöhnlichen Partei wird viel eher wiedergutzumachen sein als jene eines Rechtsanwalts."

Ich glaube, daß sich die von Petschek solcherart entschärfte objektive Theorie als allgemein annehmbar erweisen wird, ganz abgesehen davon, daß sie sich in die sonstige Struktur unseres Gesetzes einfügt. Die Wiedereinsetzung in den vorigen Stand ist nicht minder ein gegen die Rechtskraft tendierender Rechtsbehelf als die Wiederaufnahmsklage, und der § 530 (2) ZPO. spricht davon, daß gerade (auch) der praktisch allein ins Gewicht fallende Wiederaufnahmsklagegrund des § 530 (1), Z. 7, ZPO. nur dann gewährt werde, „wenn die Partei ohne ihr Verschulden außer stande[66]) war", ihr Neuvorbringen rechtzeitig geltend zu machen, wobei die Rechtsprechung hier für gewöhnlich und mit Recht einen strengen Maßstab anlegt[174]).

g) Auf ein paar Sätze Petscheks sei das besondere Augenmerk der Praxis gelenkt; sie erörtern die sog. Manuduktionspflicht, kehren aber auch heraus, wann eine solche Pflicht nicht besteht: „Das Tatsachenvorbringen ist zunächst Sache der Parteien ... Das Gericht trifft aber die Mitverantwortlichkeit ... [hier wird insbesondere auf die §§ 180 (3) und 182 ZPO. Bezug genommen] ... Nicht zu übersehen ist, daß die Ausübung des Aufklärungsrechts nicht in eine Inquisition ausarten darf, d. h. es ist nicht nach entfernten Punkten zu forschen, vielmehr sind lediglich diejenigen Punkte aufzuklären, die durch den Prozeßverlauf nahegelegt sind. Es besteht also das Fragerecht nur nach Maßgabe der Unvollständigkeit oder der Unklarheit bzw. des inneren Widerstreits des Parteivorbringens. Insoweit ist aber die Fragestellung auch Pflicht ... Im bezirksgerichtlichen Verfahren erweitert sich gegenüber rechtsunkundigen, nicht durch Rechtsanwälte vertretenen Parteien Recht und Pflicht des Richters zur rechtsfreundlichen Hilfeleistung (sogenannten Manuduktion) [432 (1)]" (S. 224 f.). Und bei der Erörterung des bezirksgerichtlichen Verfahrens heißt es: „Die Verantwortlichkeit für diese (gemeint: Prozeßleitung) ist hier sogar insofern verstärkt, als den Einzelrichter die erhöhte Verpflichtung

---

174) Vgl. aus neuerer Zeit etwa die Entscheidungen des OGH. vom 30. 10. 1957, EvBl. 1958, Nr. 27, vom 3. 2. 1960, EvBl. 1960, Nr. 143, vom 25. 2. 1960, ÖRZ. 1960, S. 181 f., oder vom 21. 12. 1960, JBl. 1961, S. 429. — Interessanterweise spricht sogar Sperl, a. a. O., S. 713, bezüglich des § 530 (2) ZPO. den Satz aus: „Dieses Verschulden steht der Wiederaufnahmsklage dann im Wege, wenn die Partei jene Tatbestände oder Beweise bei gebotener Diligenz (Sperrung von mir!) hätte wissen müssen." Hier legt also offenbar auch Sperl einen objektiven Maßstab an!

zur materiellen Prozeßleitung trifft, indem ihm gegenüber rechtsunkundigen, nicht durch Rechtsanwälte vertretenen Parteien ... die Pflicht zur ständigen Rechtsbelehrung ... und zu rechtsfreundlicher Unterstützung (sogenannter Manuduktion) aufgebürdet ist ..." (S. 353 f.).

Petschek arbeitet also ganz klar heraus: Eine Manuduktionspflicht kommt überhaupt bloß im bezirksgerichtlichen Verfahren in Betracht, und auch da nur gegenüber Parteien, die weder rechtskundig noch durch einen Rechtsanwalt vertreten sind, hingegen besteht in dem (vom Anwaltszwang beherrschten) Gerichtshofverfahren nur ein Aufklärungsrecht, das das Gericht freilich auch dazu verhält, Unvollständigkeiten, Unklarheiten oder innere Widersprüche des Parteivorbringens aufzuhellen, niemals aber mehr!

Wer sollte und könnte gegen diese säuberliche Trennung auftreten? Doch gewiß nicht die Anwaltschaft, ein durch seine Rechtskunde qualifizierter Berufsstand, dessen Hilfe, eben wegen seiner besonderen Eignung, den Prozeßbeteiligten in allen bedeutsameren Fällen möglicherweise sogar aufgedrängt wird (Anwaltszwang), und dies m. E. mit Recht! Daher wirkt es geradezu beschämend, wenn ein Rechtsanwalt (als Parteienvertreter) einen ihm einmal unterlaufenen Fehler dem Gericht zuschieben will und sich in der Rechtsmittelinstanz darüber beschwert, vom Gericht nicht gehörig „angeleitet" worden zu sein. Die Judikatur antwortet zwar begrüßenswerterweise schon lang mit einem mehr oder minder klaren Nein [175]), nimmt allerdings gelegentlich einen „Barmherzigkeits-Standpunkt" ein, der nicht nur dem Gesetz widerstreitet und wegen seiner einseitigen Auswirkung das Über-der-Sache-Stehen des Gerichts in Frage stellt, sondern auch das Berufsethos des Anwaltsstands untergräbt [176]).

[175]) Siehe etwa die Entscheidungen des OGH. vom 15. 11. 1950, SZ. XXIII/332, vom 12. 9. 1956, JBl. 1957, S. 419, vom 20. 3. 1957, JBl. 1957, S. 647, vom 4. 5. 1960, JBl. 1961, S. 92 = EvBl. 1960, Nr. 282, oder vom 23. 11. 1960, EvBl. 1961, Nr. 95; vgl. aber in diesem Zusammenhang auch die E. des OGH. vom 2. 3. 1962, JBl. 1962, S. 510 f. (mit einer Besprechung von Novak).

[176]) So ist z. B. die E. des OGH. vom 13. 4. 1962, JBl. 1962, S. 440 f., ins Uferlose abgeglitten (vgl. meine Besprechung dieser Entscheidung, ebenda, S. 441).

h) Petschek weiß die (gar nicht genug zu unterstreichende) Bedeutung der Rechtsmittelanträge gebührend zu werten und führt — der Systematik folgend, vorerst hinsichtlich des Berufungsantrags — aus: „Um nun über den einzuschlagenden Weg keinen Zweifel zu lassen, bestimmt das Gesetz in absoluter Weise[66]), daß das Gericht den Berufungsvorgang nicht unter ausschließlicher eigener Erwägung aus den Berufungsgründen zu erschließen hat, daß vielmehr der Berufungswerber selbst in der Berufungsschrift den nach Maßgabe der Berufungsgründe schlüssigen, inhaltlich genau bestimmten Berufungsantrag[66]) zu stellen hat ... Der Berufungsantrag enthält außerdem die Angabe des Umfangs der Berufung ..." (S. 369)[177]). Petschek fährt fort: „Mit Rücksicht auf die Wichtigkeit des Berufungsantrags hat sein Fehlen oder seine Unbestimmtheit Zurückweisung der Berufung ... zur Folge ... Ein unkorrekter Berufungsantrag ist nur dann vom Gericht korrigierbar, wenn eine offensichtliche Verwechslung des Wortes[66]) (‚Aufhebung' statt ‚Abänderung') vorliegt, also nie bei Unbestimmtheit"[66]) (S. 370). An den Revisionsantrag stellt er dieselben Anforderungen (S. 392) und sagt dann schließlich bei der Behandlung des Rekurses: „Der Rekurs muß wie jedes Rechtsmittel einen bestimmten Rekursgrund enthalten ..., ferner einen danach schlüssigen Rekursantrag einschließlich der Erklärung des Rekursumfangs"[66]) (S. 399).

Beim Berufungs- und beim Revisionsantrag ist die Rechtsprechung in der Regel gesetzestreu, verlangt also gleichfalls einen schlüssigen und eindeutig bestimmten

---

177) Der Umstand, daß Petschek bald nach dieser, jeden Zweifel ausschließenden Aussage auf die Möglichkeit einer Berufungserweiterung (in einem von mir bereits kritisierten Übermaß; siehe oben, Text unter V/1/f) hinweist, schwächt die von ihm erhobene Forderung nach einem schlüssigen und inhaltlich genau bestimmten Berufungsantrag in keiner Weise ab; denn sogar die von Petschek ins Auge gefaßte Berufungserweiterung [§ 483 (1) und (2) ZPO.] könnte immer nur an einen schlüssigen und eindeutig bestimmten (neuen) Berufungsantrag anknüpfen.

Antrag [178]), erkennt ferner, daß die Unbestimmtheit des auf Abänderung lautenden Hauptantrags durch das Beifügen eines allgemein gehaltenen, auf Aufhebung gerichteten Eventualantrags nicht beseitigt werden kann [179]), und lehnt es auch ab, den möglichen oder wahrscheinlichen, jedoch nicht mit gehöriger Bestimmtheit zum Ausdruck gebrachten Inhalt des Rechtsmittelantrags erst im Auslegungsweg zu ermitteln [180]). Und greift sie gelegentlich trotzdem zu ihr geeignet scheinenden Krücken, etwa dazu, dem Rechtsmittelwerber vorzuhalten, daß ja nicht einmal die von ihm ins Treffen geführten Rechtsmittelgründe und Rechtsmittelausführungen die Unbestimmtheit des Rechtsmittelantrags zu klären vermögen, oder gar zu Eventualbegründungen, die bereits auf die Sache eingehen, so ist das gewiß ein arger Mißgriff, der aber so lange kein Unheil stiftet, als am Ergebnis — an der Verwerfung des Rechtsmittels — nicht gerüttelt wird [181]). Falsch ist es hingegen, wenn mit Hilfsmitteln dieser Art das Fehlen eines eindeutigen und schlüssigen Rechtsmittelantrags kaschiert und zur Sache entschieden wird [182]). Nicht minder falsch ist es, wenn der OGH. etwa äußert, im arbeitsgerichtlichen Berufungsverfahren seien an den Berufungsantrag laxere Anforderungen gestellt [183]); denn der § 25 (1), Z. 1, ArbGerG. dispensiert nur von der Anführung von Berufungsgründen, nicht jedoch vom Stellen eines eindeutigen Berufungsantrags.

---

178) Hiezu etwa die Entscheidungen des OGH. vom 19. 10. 1955, JBl. 1956, S. 51, vom 6. 3. 1957, JBl. 1957, S. 269 f., vom 8. 7. 1959, JBl. 1959, S. 553, u. v. a. (vgl. vor allem auch die in den beiden folgenden Anmerkungen angeführten Entscheidungen).

179) Vgl. die Entscheidungen des OGH. vom 13. 3. 1957, JBl. 1957, S. 322 ff., vom 26. 11. 1958, JBl. 1959, S. 162 f., oder vom 20. 12. 1961, JBl. 1962, S. 333 (mit einer zustimmenden Glosse von N o v a k).

180) So eindeutig z. B. die Entscheidungen des OGH. vom 5. 6. 1953, JBl. 1953, S. 661, vom 3. 11. 1961, JBl. 1962, S. 274 (mit einer zustimmenden Bemerkung von N o v a k), oder vom 9. 3. 1962, JBl. 1962, S. 453 f. (mit einer Besprechung von N o v a k).

181) Vgl. etwa die Entscheidungen des OGH. vom 7. 1. 1953, SZ. XXVI/4, oder vom 18. 3. 1959, JBl. 1959, S. 349 = EvBl. 1959, Nr. 282.

182) So die E. des OGH. vom 29. 11. 1962, JBl. 1963, S. 382 f.

183) E. des OGH. vom 16. 5. 1961, EvBl. 1961, Nr. 386.

Ganz unverständlich wird die Judikatur aber dann, wenn sie, wohl nicht immer, aber doch allzu häufig, gerade hinsichtlich des Rekurses ausspricht, er könne ohne Antrag, ja sogar ohne Begründung erhoben werden [184]).

i) Noch ein Wort zu dem in seiner Handhabung sich geradezu fatal auswirkenden Judikat Nr. 56 (neu) vom 8. 12. 1951, SZ. XXIV/335.

Sperl hat den Mut aufgebracht, sich über den Wortlaut des § 502 (3) ZPO. hinwegzuheben, die ratio legis in den Vordergrund zu stellen und gegen bestätigende Urteile in vermögensrechtlichen Streitigkeiten die Revision nur dann zuzulassen, wenn der Revisionsgegenstand, also die vom Revisionswerber angestrebte Besserstellung, geld- oder geldwertmäßig den im § 502 (3) ZPO. genannten Betrag übersteigt [185]); er hat auch einen Gutteil der Judikatur auf seine Seite gebracht [186]). De lege ferenda zweifellos der einzig richtige Standpunkt, weil es — wenn man überhaupt an eine wertmäßige Beschränkung denkt — doch nicht darauf ankommen sollte, worüber das Berufungsgericht entschieden hat, sondern lediglich darauf, wie weit sich der Revisionswerber durch die Berufungsentscheidung beschwert erachtet; und kämpft er in einem in die zweite Instanz aufgestiegenen Millionenprozeß nur mehr um den Zuspruch (oder um die Abweisung) von einigen hundert Schilling, so geht es eben nicht mehr um Millionen, sondern es steht ein so geringfügiger Beschwerdegegenstand zur Debatte, daß man den OGH. mit ihm nicht belasten sollte. Der Novellengesetzgeber vermochte diese Einsicht jedoch nicht aufzubringen und stellte auf den Streitgegenstand ab, über den das Berufungsgericht entschieden hat [187]). Hingegen machte sich ein späterer Novellengesetzgeber, der nun auch die Zulässigkeit von Rekursen an den OGH. an ein betragliches Mindestmaß binden wollte, den dem deutschen Rechtskreis entstammen-

---

[184]) Hiezu ausführlich Sprung, Der Rekursantrag, JBl. 1959, S. 268 ff., der auch über die richtige Judikatur Auskunft gibt; vgl. ferner meine Besprechung der E. des OGH. vom 22. 3. 1960, JBl. 1961, S. 34 ff.

[185]) A. a. O., S. 645 f., 653.

[186]) Siehe die von der Begründung des Judikats Nr. 56 (neu) zur Verfügung gestellte Übersicht (SZ. XXIV, S. 791 f.).

[187]) Art. IV, Z. 17, der vierten GEN. vom 17. 7. 1922, BGBl. Nr. 532.

den, eindeutigen Begriff des Beschwerdegegenstands[188]) zu eigen und fügte das Nichtübersteigen einer bestimmten Minimalsumme als weiteren Rekursausschließungsgrund in den § 528 (1) ZPO. ein, eine Rekursbeschränkung, die auch dann ihre Bedeutung behält, wenn das Rekursgericht nach der gleichzeitig angefügten Vorschrift des § 527 (1), 2. Satz, ZPO. gar nicht in die Lage kommt, eine Bewertung (Kann-Vorschrift!) des Beschwerdegegenstands in seinen, dem Rekurs stattgebenden Beschluß aufzunehmen[189]).

In groben Zügen stellt sich die hier interessierende lex lata so dar: Die Revisionszulässigkeit ist auf den Berufungsgegenstand, die Zulässigkeit von Rekursen an den OGH. auf den Beschwerdegegenstand abgestellt. Der § 502 (3) ZPO. beschränkt die Zulässigkeit der Revision nur gegen ein bestätigendes Urteil, hingegen faßt der § 528 (1), 4. Fall, ZPO. vornehmlich und gerade dem Rekurs stattgebende Entscheidungen zweiter Instanz ins Auge; denn bestätigende Beschlüsse der zweiten Instanz sind schon durch den § 528 (1), 1. Fall, ZPO. vor jeder weiteren Anfechtung abgeschirmt (die beiden, auf exekutionsrechtlichem Gebiet gelegenen Ausnahmen brauchen nicht erörtert zu werden). Der § 500 (2) ZPO. macht es dem das Ersturteil bestätigenden Berufungsgericht (unter hier nicht näher darzulegenden Voraussetzungen) zur Pflicht, eine Bewertung des Streitgegenstands in sein Urteil aufzunehmen, der § 527 (1), 2. Satz, ZPO. spricht davon, daß das Rekursgericht in seinem, dem Rekurs stattgebenden Beschluß bewerten könne.

Petschek hat sich durchwegs an die lex lata gehalten: „Die Zulässigkeit der Revision hängt nach unserem Recht nicht von einer Revisionssumme ab, d. h. einem bestimmten Wert des Beschwerdegegenstands (sogenannte Erwachsenheit) ... Nur die bestätigenden Berufungsurteile mit einem Entscheidungsgegenstand, dessen Wert 10.000 S nicht übersteigt [502 (3)], stellen eine Ausnahme dar, wobei jedoch zu beachten ist, daß hier der Wert des Entscheidungsgegenstands oder des Streitgegenstands und nicht etwa der Wert des Beschwerdegegenstands (d. i. der Wert

---

188) Siehe die §§ 511 a (1), 546 (1) und 567 (2) DZPO.; hiezu, statt aller, Rosenberg, a. a. O., S. 661 ff.

189) Art. III, Z. 6 und 7, der siebenten GEN. vom 23. 12. 1931, BGBl. Nr. 6/1932.

des angefochtenen Teils des Streitgegenstands) der Zulässigkeit der Revision präjudiziert" (S. 392 f.). Sodann: „Zu beachten ist, daß 528 Fall 1 nur gilt, soweit[66]) die Sprüche der beiden Instanzen einander decken ..." (S. 397). Und letztlich: „Es (gemeint: das Gesetz) schließt einen Rekurs überhaupt aus ... Besonders wichtig sind in dieser Beziemung: ... die Bestimmung des 528 (1) Fall 4, der Entscheidungen der zweiten Instanz über einen Beschwerdegegenstand[66]) mit einer Höhe oder einem Streitwert von nicht mehr als 1000 S der Anfechtung entzieht" (S. 396 f.).

Bevorzugt Petschek auch gerade an diesen Stellen mehr oder minder einen Telegrammstil, so läßt sich seinen Ausführungen doch eindeutig folgendes entnehmen: α) Die Revisionszulässigkeit bestimmt sich nicht nach dem Revisionsgegenstand, sondern nach dem Wert des zweitinstanzlichen Entscheidungsgegenstands. β) Hingegen denkt der § 528 (1), 4. Fall, ZPO. lediglich an den Beschwerdegegenstand, also an die Beschwerdesumme, die der Rekurswerber an den OGH. heranträgt. γ) Von einer „bestätigenden" Entscheidung spricht man „insoweit", als sich die Sprüche der beiden Unterinstanzen decken. Richtet sich daher das Rechtsmittel gegen eine zweitinstanzliche Entscheidung, die teils bestätigt, teils abändert und teils vielleicht auch noch (in Beschlußform) aufhebt, so ist seine Zulässigkeit, nach dem Inhalt des Spruchs getrennt, verschieden zu behandeln. Besonders sinnfällig wird das bei berufungsgerichtlichen Entscheidungen, die ein bestätigendes und daher selbständig zu behandelndes (Teil-)Urteil fällen und mit diesem, rein mechanisch, einen Aufhebungs- und Verweisungsbeschluß verbinden. Warum sollte hier der § 392 (1) ZPO. — der gemäß § 463 (1) ZPO. auch für das Berufungsverfahren gilt! — unbeachtet gelassen werden; müßte man dann nicht folgerichtig auch den von ganz anderen Gesichtspunkten beherrschten § 519, Z. 3, ZPO. hinsichtlich der Bekämpfbarkeit des in das Urteil aufgenommenen Aufhebungs- und Verweisungsbeschlusses ausschalten? [190]) Und

[190]) Hiezu Novak, Das Judikat Nr. 56 (neu) und Berufungsentscheidungen, die nur zum Teil in der Sache selbst erkennen, JBl. 1953, S. 501 ff. Neuwirth hat sich in seiner ablehnenden Besprechung der E. des OGH. vom 28. 4. 1954, JBl. 1954, S. 542 f., meiner Ansicht angeschlossen, ebenso Michlmayr in seiner grundlegenden Abhandlung „Zur ausdehnenden Ausle-

warum sollte man einen zum Teil bestätigenden, zum Teil aufhebenden rekursgerichtlichen Beschluß der Norm des § 528 (1), 1. Fall, ZPO. auch insoweit entziehen, als eine Bestätigung vorliegt, die Anfechtbarkeit seines aufhebenden Teils aber der Norm des § 527 (2) ZPO. unterstellen? Fragen über Fragen!

Das hier angedeutete Wirrwarr hat mit dem 2. Leitsatz des Judikats Nr. 56 (neu) begonnen: „Die Vorschriften der §§ 500 Abs. 2 und 502 Abs. 3 ZPO. sind auf bloß teilweise bestätigende Urteile nicht anzuwenden“ [191]). Das Judikat hat aber wenigstens noch zwischen Urteilen und Beschlüssen zu unterscheiden gewußt und in der Begründung den Satz ausgesprochen, daß „die Art der Regelung der Rekursbeschränkungen nicht als Argument für die Auslegung der Revisionsbeschränkungen herangezogen werden“ könne [192]). Nunmehr läuft aber die Rechtsprechung auf vollen Touren — in den Abgrund! Sie wendet das (sich von der Regelung der Rekurszulässigkeit distanzierende) Judikat Nr. 56 (neu) „sinngemäß“ auf alle möglichen Beschlüsse an, sogar auch auf Beschlüsse im Außerstreitverfahren [193]) oder im Grundbuchsverfahren [194]). Darauf, wie mühevoll sie gelegentlich trachtet, sich zumindest teilweise

---

gung des Judikats 56 (neu)“, JBl. 1955, S. 429 ff., insbesondere S. 434 f. — Bezeichnend ist auch, daß der OGH. nicht daran denkt, einen mit dem berufungsgerichtlichen Teilurteil verbundenen Aufhebungs- und Verweisungsbeschluß den Anfechtungsgrenzen des § 519, Z. 3, ZPO. zu entziehen; vgl. etwa die E. des OGH. vom 8. 1. 1953, SZ. XXVI/8. Noch anschaulicher wirkt es vielleicht, daß die ORK. (also der OGH. in anderem Gewand) in ihrem Erk. vom 8. 10. 1955, EvBl. 1956, Nr. 39, eine Sachprüfung des bestätigenden Teils des Erk. der ROK. deshalb verweigert hat, weil die ROK. in Ansehung dieses Teils die Beschwerde nicht zugelassen hatte; das, obwohl der § 21 (2), 2. Satz, des Dritten RückstellungsG. ebenfalls nur schlechthin von „bestätigenden Erkenntnissen“ spricht.

[191]) Michlmayr, a. a. O. (Anm. 190), S. 432, hat diesen Leitsatz mit mir [a. a. O. (Anm. 190), S. 502] als einen der schwächsten Punkte des Judikats bezeichnet.

[192]) SZ. XXIV, S. 795.

[193]) Dagegen schon Michlmayr, a. a. O. (Anm. 190), insbesondere S. 433 f.

[194]) So die Entscheidungen des OGH. vom 26. 10. 1957, SZ. XXX/65, oder vom 25. 1. 1962, EvBl. 1962, Nr. 252.

zu korrigieren, hat schon Michlmayr hingewiesen[195]). Der Hang der Judikatur, an etwas von ihr einmal Ausgesprochenem, wenn auch noch so Unhaltbarem, festzuhalten, hat aber trotz aller Mühsalen, denen sie sich selbst gegenübergestellt sieht, bisher das Übergewicht behalten.

Vielleicht können Petscheks Ausführungen daran etwas ändern!

VI.

Meine Besprechung ist — dessen bin ich mir bewußt — gewiß eigenartig. Sie ist weniger eine Buch-, denn eine Themenbesprechung. Bloß dem Inhalt des hochbedeutsamen Werks sollte irgendwie Rechnung getragen werden, ohne daß ich mich der Hoffnung hingeben könnte, ihn auch nur annähernd ausgeschöpft zu haben. Vor allem konnte und wollte ich z. B. auch darauf nicht eingehen, wie Petschek den — bekanntlich gerade auch dem außerstreitigen Verfahren wesenseigenen — Untersuchungsgrundsatz wirklich einschätzt. Ein einziger Satz zeigt es: „Um jedoch so die Erledigung der offenen Rechtsbeziehungen mit allen Garantien der streitigen Zivilgerichtsbarkeit[66]) auszustatten, wird öfters die freiwillige Gerichtsbarkeit durch Einräumung des ordentlichen Rechtsschutzwegs ersetzt und zu diesem Zweck dem daran Interessierten ein Rechtsgestaltungsanspruch (Bewirkungsanspruch) gewährt“ (S. 253). Allein dieser Satz eröffnet geradezu eine Welt!

Hingegen habe ich mir überflüssige Hinweise auf Druckfehler erspart und dem Bearbeiter Stagel, dem nochmals für seine Mühe gedankt sei, lediglich solche Versehen vorgehalten, die allenfalls Mißverständnisse hervorrufen könnten.

Keine dem Bearbeiter zur Last fallende Flüchtigkeit liegt darin, daß er die neue Wertgrenzen-Novelle vom 4. 7. 1963, BGBl. Nr. 176, nicht mehr berücksichtigt hat; denn Stagel hat seine Arbeit bereits im Mai 1963 vollendet (Vorwort, S. IV). Nur die Leserschaft sei auf diese, grundsätzlich am 1. 1. 1964 in Kraft tretende Wertgrenzen-Änderung aufmerksam gemacht.

---

[195]) A. a. O. (Anm. 190), S. 434; vgl. auch meine Bemerkung zur E. des OGH. vom 26. 10. 1955, JBl. 1956, S. 76 f.

Ein Wort des Bedauerns habe ich aber doch noch auszusprechen: Petschek hat unwahrscheinlich flüssig und eindrucksvoll zu sprechen verstanden; seine Schreibweise hingegen war für den Leser immer schwierig. Das Buch hätte diesem Umstand zumindest drucktechnisch Rechnung tragen sollen. Leider ist das nicht geschehen: Die Druckweise ist gedrängt und wirkt unübersichtlich. Das sollte jedoch niemanden davon abhalten, diese jüngste Darstellung des österreichischen Zivilprozeßrechts aus der Feder eines überragenden Gelehrten wirklich zu studieren und zu nützen. Dem Theoretiker braucht das nicht erst gesagt zu werden, dem Praktiker sei es ans Herz gelegt!

GPSR Compliance

The European Union's (EU) General Product Safety Regulation (GPSR) is a set of rules that requires consumer products to be safe and our obligations to ensure this.

If you have any concerns about our products, you can contact us on ProductSafety@springernature.com

In case Publisher is established outside the EU, the EU authorized representative is:

Springer Nature Customer Service Center GmbH
Europaplatz 3
69115 Heidelberg, Germany

Batch number: 10844623

Printed by Printforce, the Netherlands